Забытый Сталин

Доклад Никиты Хрущёва «О культе личности и его последствиях» на XX съезде КПСС и статьи о нём

Берлин
2026

Демиденко Юлия Борисовна (составитель)
Забытый Сталин. Доклад Никиты Хрущёва «О культе личности и его последствиях» на XX съезде КПСС и статьи о нём – Берлин, 2026. – 236 с.

ISBN 979-8-9902816-7-7

Сборник «Забытый Сталин» приурочен к 70-летию XX съезда КПСС, где Никита Хрущёв зачитал доклад, который открыл период десталинизации. В книгу вошёл текст выступления первого секретаря ЦК КПСС 25 февраля 1956 года, статьи об этом, а также воспоминания современников Сталина.

ISBN 979-8-9902816-7-7
9 798990 281677

ОТ СОСТАВИТЕЛЕЙ

Предлагаемый сборник является по советской терминологии «датским», то есть приуроченным к определенной дате – 70-летию XX съезда КПСС и зачитанного на нем Никитой Хрущевым «секретного» доклада, который открыл период десталинизации.

Внимательный читатель заметит, что к слову «дата» не приставлено обязательное в той же советской традиции прилагательное «знаменательная» или, того пуще, «историческая». С течением лет и сменой политических режимов тот съезд утратил в официальной, контролируемой властями историографии то значение, которое ему придавалось вплоть до начала XXI века.

Поначалу, в брежневские времена, его старались забыть, но не более того, поскольку на его «отмену», как говорят сегодня, тогдашняя деградирующая на глазах власть не решалась.

Горбачевская перестройка как бы вернулась в 1964 год, когда процесс десталинизации был прерван отставкой Хрущева, и активно продолжила начатое им дело. Казалось, вслед за самим Сталиным из-за Кремлевской стены окончательно выброшена и порожденная им презренная сталинщина, а Ельцину досталась страна, очищенная от остатков ненавистного тоталитарного режима…

Новый век вновь актуализировал эту тему, словно достав ее с пресловутой «свалки истории». XX съезд попал в разряд исключительно негативных событий прошлого, а его решения даже предлагается отменить семь десятилетий спустя, хотя никому не понятна процедура такой отмены. Впрочем, законность, приоритет права – не те понятия, которым неукоснительно следует современная Россия. В любом случае, то и дело возникающие на территории страны памятники Сталину (и его политическому предку Ивану Грозному) должны служить визуальной подсказкой гражданам, какое будущее мы ищем в прошлом.

Задача сборника, который выносится на суд читателей, проста. Напомнить, что в феврале 1956 года состоялось, ну хорошо, знаковое событие нашей истории. И в то же время достаточно противоречивое, в чем можно убедиться, ознакомившись с полным текстом «секретного» доклада Никиты Хрущева и «инсайдерским» рассказом о том, как сам первый секретарь и политбюро шли и пришли к решениям, которые принял съезд.

Кроме того, вашему вниманию предлагаются материалы разных авторов – историка, философа, политолога, бывших партийных чиновников и даже поэтов, каждый из которых своей «кистью» и со своей профессиональной «колокольни» рисует портрет Сталина и сталинизма. Объединяет эти тексты то, что они – то ли случайно, то ли намеренно – забыты и редко появлялись в публичном поле, хотя представляют, на наш взгляд, несомненный интерес.

Несколько компилятивно, скажете вы? Зато, ответим мы, разнообразно.

Хорошего чтения!

«СОВЕТСКИЙ НЮРНБЕРГ»

Юрий Вельяшев

В декабре 1955 г. комиссии под руководством секретаря ЦК КПСС П. Н. Поспелова было поручено выяснить, что конкретно происходило во времена Большого террора. Результатом ее деятельности стал доклад (70 машинописных страниц), в котором говорилось, что в период 1935–1950 годов за антисоветскую деятельность было арестовано почти 2 млн человек, из которых 688 503 расстреляли. В Президиуме ЦК имелись разные мнения по поводу того, предлагать ли этот доклад предстоящему съезду партии. Так, А. И. Микоян (с 1954 г. возглавлял комиссию по пересмотру дел о политических преступлениях) выступал за то, чтобы сказать народу всю правду. В. М. Молотов, Л. М. Каганович, К. Е. Ворошилов были против. 26 февраля 1956 г. Н. С. Хрущев все-таки выступил с докладом, в повестке дня съезда не значившимся.

На Западе речь Хрущева получила название «секретной». Действительно, предпринимались попытки не допустить ее утечки за границу, но польские гости съезда передали ее иностранным журналистам. Внутри страны речь зачитывали на партийных и комсомольских собраниях, где присутствовали и беспартийные. Тем самым доклад получил всесоюзную известность.

В общем и целом XX съезд явился завершением нашей гражданской войны. В ближайшие годы отдельные ее эксцессы еще будут случаться (например, расстрел в Новочеркасске), но массовый террор прекратится. Репрессии сохранятся, однако их масштаб и жестокость существенно сократятся. До свободы еще было далеко, но вектор движения к ней определился. Страх и многочисленные запреты все меньше довлели над людьми, все шире становилось пространство, освобожденное от табу. Страна начинала возвращаться в мир. Из кровавой изоляции – в многоцветную земную ширь.

Вместо крови, голода, перманентных мучений пришли постепенное излечение и кой-какое благосостояние. Что представляло собой серьезный прогресс. Процесс гуманизации общества был непоследовательным, но под его влиянием прекратилось (хотя и не до конца) взаимное пожирание предшествовавших (почти) сорока лет.

Можно сказать, что XX съезд был водоразделом между двумя основными периодами существования СССР. Первый (начало – около 1920 г.) – абсолютная диктатура, объявившая себя царством свободы и социального благополучия. Ее основы были потрясены в годы Отечественной войны. В результате которой возникли новая страна, новая партия (70% членов вступили в нее после 1941 г.), новые политические акторы, имевшие опыт самостояния. Появились люди, обретавшие социальную зрелость, явно выбивавшиеся из еще господствовавших казарменно-лагерных порядков.

В 1956 г. руководство Советского Союза решилось на самоубийственный (и одновременно в высшей степени благородный) шаг: оно провело свой Нюрнбергский процесс. Я настаиваю на том, что XX съезд КПСС был нашим Нюрнбергом. И никакого другого в России уже не будет. При всей (внешней) скромности и ограниченности саморазоблачения это было именно саморазоблачение. В результате система была обречена.

В перестроечные и постперестроечные годы много говорилось о необходимости суда над коммунистами-чекистами, вообще над большевизмом. И поскольку ничего подобного не случилось, был сделан вывод: этот народ не хочет каяться. Конечно, это так. Ничего такого не хотим. Но только ли мы?

Немецкая исследовательница Ютта Шеррер пишет: «Переход от диктатуры к демократии был крайне трудным и длительным процессом. 1945 год не стал точкой отсчета, знаменующей начало новой немецкой истории. Не было какой-то готовой нормы, к которой можно было бы перейти. Сразу после окончания войны не произошло окончательного разрыва с наследием Третьего рейха. Огромное большинство немцев стремилось к материальному и психологическому возрождению, вытесняя из сознания реалии нацистского государства… Нюрнбергские процессы, которые, по замыслу держав-победительниц, должны были сыграть также и воспитательную роль, оставляли немцев равнодушными или вызывали неприятие – населению Германии хотелось достичь какой-то "нормализации". Осознания преступного характера национал-социализма не произошло. Господствовало мнение, что все происходящее – это просто суд победителей над побежденными. Преступления Третьего рейха в общественном сознании уравнивались с ущербом, нанесенным немецким городам бомбардировками союзников, а признание массовых национал-социалистических организаций преступными воспринималось как огульное обвинение всего народа»[1].

И далее: «Навязанная западными союзниками денацификация в Западной Германии была малоуспешной. Уже в 1949 г. был принят закон об амнистии, который открыл многочисленным бывшим национал-социалистическим чиновникам и кадровым военным путь в государственные структуры и заново формируемую армию… В эпоху Аденауэра политика прошлого обосновывала отказ от дальнейшего уголовного преследования нацистов со ссылкой на желательность умиротворения и политической стабилизации… В середине 1950-х уже почти никто не опасался преследований со стороны государства… за свое национал-социалистическое прошлое. Однако черта была подведена не только под прошлым 3,6 млн денацифицированных… По большей части вышли на свободу и те, кто в 1945–1949 годах был осужден в рамках Нюрнбергских процессов или военными судами союзников за военные либо нацистские преступления»[2].

---

1 Шеррер Ю. Германия и Франция: Переработка прошлого // Pro et Contra. 2009. № 3–4 (Т. 13). С. 91

2 там же. С. 92

Выходит, что немцы, которых мы считаем примером мужественного покаяния, проработки и переосмысления своего преступного прошлого, были иными. Не столь образцовыми. К тому же «каялись» они после проигранной войны, в разрушенной стране, в условиях оккупации.

Что же касается XX съезда, то он был проведен всего лишь через десять с небольшим лет после Отечественной войны (победоносной и справедливой). И мы сами, а не оккупационные армии-победители выпустили из лагерей миллионы заключенных. И сами сказали о совершенных преступлениях.

Мало сказали, не всё? Да, мало, далеко не всё.

Но что же на самом деле сделал Хрущев на XX съезде? Его критики-либералы утверждают: развенчал Сталина и спас саму тоталитарную систему. Нет. Сбросив Людоеда с корабля современности, Никита Сергеевич покончил со сталинским периодом советской истории и открыл дорогу становлению более милосердного порядка.

Хрущев был Лютером коммунизма. Возможно, это сравнение кому-то может показаться слишком вольным и рискованным. И все же в истории христианства и коммунизма мы можем обнаружить параллели (хотя отчасти и поверхностные, «внешние»). «Краткий курс», к примеру,– несомненно, подобие Нового Завета. Вообще, сталинский «коммунизм» структурно был схож с христианством. Бог-Отец – Ленин, Бог-Сын – Сталин, Бог – Дух Святой – Идеология (Маркс, Энгельс – пророки, «крестители»), Церковь – Партия...

Когда-то Лютер провозгласил: каждый – сам себе священник. Так начинались демократия, становление современного полисубъектного общества. Так христианство «приватизировалось» христианами, и отменялись посреднические функции церковной иерархии. «Разоблачив» Сталина, Никита Сергеевич тем самым сказал коммунистической номенклатуре: каждый – сам себе сталин, мы все – сталины, нам не нужен Сталин. Так сталинский коммунизм «приватизировался» номенклатурой; отменялась главная функция Сталина – «Ленин сегодня».

Сталина выносят из Мавзолея. Начинается возвращение к Ленину – борьба за подлинного (несталинского) Ленина. В результате формируется коммунистическая полисубъектность – особенно в мировом коммунистическом движении и мировой социалистической системе. Разумеется, процессы демонополизации и плюрализации затронули и Идеологию («Святой Дух»), и Партию («Церковь»). Единства в них не стало. (В скобках заметим: очевидно, что вслед за коммунистическим протестантизмом («Реформацией») должна была явиться и коммунистическая «Контрреформация» – неосталинизм.)

Убрав Сталина, Хрущев ликвидировал и его Систему. Сталин был ее главным, системообразующим элементом, субстанцией. Без него и Система оказалась другой. Место Сталин-системы заняла сталинская система. «Все», т. е. сталинская номенклатура, стали «коллективным сталиным». (Нечто отчасти схожее мы видим в России после смерти Петра I: то одна, то другая группировка аристократии натягивала на себя мундир Самодержца-«Моносубъекта» – устанавливалось «коллективное руководство».)

Это хорошо описано американским исследователем М. Малиа. Он отмечает: в 1953 г. в партии состояло 6,9 млн человек. Она «твердо была на пути к тому, чтобы стать партией номенклатуры, где доминировала бы управленческая элита... Однако эта новая корпоративная природа партии... еще слабо проявляла себя из-за ее абсолютной подчиненности Сталину и опеки над ней со стороны госбезопасности. К моменту падения Хрущева в партии состояло 11 млн 750 тыс. человек и она уже окончательно превратилась в партию номенклатуры – корпоративную организацию управленческой элиты. Одновременно с падением Берии она освободилась от опеки госбезопасности, а также... и от собственного вождя»[3].

3 Малиа М. Советская трагедия: История социализма в России, 1917–1991. М.: РОССПЭН, 2002. С. 368

При этом Малиа уточняет: «Десталинизация означала... защиту партии от произвола любого Первого секретаря. Когда Хрущева сместили, номенклатура в качестве некой коллективной единицы превратилась в нового высшего руководителя системы... В отсутствие террора Генеральный секретарь... держал ответ перед "кадрами", а не наоборот, как это было при Сталине»[4].

В качестве продолжения XX съезда можно рассматривать и события июня 1957 г. Большинство членов Президиума ЦК КПСС выступило за освобождение Хрущева от обязанностей первого секретаря. Но министр обороны Г. К. Жуков и председатель КГБ И.А. Серов на военных самолетах доставили в Москву членов ЦК с мест. Был открыт Пленум ЦК. Семидневная дискуссия принесла победу Хрущеву. Маленков, Молотов, Каганович, «примкнувший к ним Шепилов» и др. были объявлены антипартийной группой и лишились своих постов. Однако никто не был репрессирован. Это означало, что кровавая фаза истории страны и истории номенклатуры закончилась. Даже в случае поражения во внутрипартийной борьбе представителей номенклатуры не ликвидировали, а отправляли на пенсию. В этом – еще одно достижение новой эпохи, эпохи XX съезда.

В решениях XX съезда было также зафиксировано принципиально новое видение международных отношений и проблемы перехода от капитализма к социализму.

Было твердо заявлено, что железной закономерности новых войн между СССР и миром капитализма нет. Конкуренция продолжается, но совсем не обязательно вести ее в форме военных конфликтов. Соперничество должно быть мирным. Так закладывались идеологические основы будущей политики разрядки напряженности, детанта.

Еще одна новация XX съезда заключалась в принятии положения, согласно которому социалистические революции в развитых капиталистических странах не обязательно должны

---

4 там же. С. 369, 371, 374

проходить в форме вооруженного восстания или гражданской войны. Признавалось, что революции могут быть мирными. Через завоевание коммунистами и их союзниками большинства в парламентах и проведение кардинальных изменений. Это легло в основу будущего еврокоммунизма.

XX съезд также заложил базу для проведения целого ряда коренных реформ в самом СССР. С известной долей осторожности можно даже говорить о соответствующей программе. Она не была строго формализованной и во многом представляла собой набор смелых инициатив. Но при всей их хаотичности и неоднородности они имели единый вектор: дальнейшая эмансипация советского общества.

Прежде всего Хрущев планировал реформировать КПСС. Разделить ее на промышленные и сельскохозяйственные обкомы и райкомы. Таким образом, по существу, создавались предпосылки для введения двухпартийного режима. К тому же Хрущев предлагал проводить ротацию руководящих партийных кадров. На каждых выборах обновлять состав избранных в парткомы и партбюро на треть (от этого освобождались только ЦК КПСС и ЦК союзных республик).

Через создание совнархозов осуществлялась децентрализация управления экономикой. Предполагалось образование на предприятиях рабочих советов – органов реального участия трудящихся в руководстве производством (за пример брались Венгрия, Югославия; также имелся в виду опыт первых советских лет). Тем самым урезывались полномочия Госплана и отраслевых министерств. В случае успеха в стране постепенно вводилась бы экономическая демократия.

Однако Хрущев был обречен. Получив власть, благосостояние и гарантии жизни без страха, номенклатура вполне удовлетворилась. Креативный, плохо прогнозируемый Хрущев мешал ей наслаждаться «сладкой жизнью». Гражданское общество, находившееся еще в начальной стадии формирования, не могло быть опорой его преобразований. Хотя именно становление такого общества было главным содержанием эпохи «оттепели». Молодые люди, слушавшие и певшие Окуджаву, смотревшие фильмы Хуциева, не годились в сталинисты, империалисты; они не хотели возвращаться в лагерно-казарменные порядки. Их мечтой был общественный уклад, который в скором времени назовут «социализмом с человеческим лицом». Сам Никита Сергеевич был далек от всего этого. Но среди его советников были люди, внутренне соответствовавшие этой новой общественной атмосфере.

Несмотря на поражение Хрущева, наследие XX съезда, хрущевской эпохи не пропало совсем. Застой стал не только отрицанием «оттепели», но и в определенном смысле продолжением. Оттепельные потенциалы сохранялись под спудом, продолжая свое развитие. Постепенно увеличивалось число людей, предпочитавших демократию диктатуре. Для многих казарменно-лагерный порядок (сталинщина) становился неприемлемым. Эти многие с вожделением смотрели на свободный Запад, на более либеральные Польшу, Чехословакию, Венгрию. Появлялась молодежь, вглядывавшаяся в глубь российской истории, культуры, мысли,– восстанавливая тем самым их целостность.

Худо ли бедно до конца 1970-х годов происходил экономический рост и, соответственно, повышался жизненный уровень населения. Это способствовало увеличению потребительских ожиданий. Уже не был непроницаемым, как в сталинские времена, железный занавес. Сквозь дыры в нем в СССР проникали западные фильмы, экспозиции из лучших музеев мира, современные идеи, джинсы, «Битлз» и т. д. Заметно расширился кругозор советского человека, менялись его мировоззрение и самоощущение. Общество исподволь готовилось к фундаментальным переменам.

Для демократически настроенной части граждан XX съезд по-прежнему оставался символом эмансипации – и в то же время неоправдавшихся надежд.

Важное следствие XX съезда – рождение феномена шестидесятничества. Это – интеллигенция, имевшая демократические убеждения. Она явилась носителем и распространителем идей 1956 г.

Во многом под воздействием XX съезда возникли диссидентство (движение инакомыслящих) и массовая эмиграция 1970-х. Инакомыслящие были очень разными (либералы, демократические социалисты, почвенники, представители нерусских этносов), но их объединяло стойкое неприятие советской власти. Впервые режим столкнулся с его полным отрицанием. А на чужбине зазвучало свободное слово. Несмотря на всяческие препоны, оно нашло – прежде всего благодаря техническому прогрессу – свою широкую аудиторию. Это слово будило, просвещало, информировало. Внутри же страны активно заработал самиздат, дополнявший зарубежный тамиздат. В результате была подорвана идеологическая и информационная монополия режима.

Особое влияние XX съезд оказал на страны социалистического лагеря. В 1956 г. разразились антикоммунистическая революция в Венгрии, массовые антисоветские выступления в Польше. Через десять с небольшим лет пришла Пражская весна. Это событие, без сомнения, явилось отложенной реакцией на XX съезд. Просто растянулся подготовительный период.

В Пекине же XX съезд был осужден как предательство социалистических идеалов. Тогдашние вожди КНР не без основания опасались, что освободительные идеи проникнут и к ним.

Если обратиться к многосотлетней российской истории, то XX съезд и инспирированные им перемены следует поместить в один ряд с Великими реформами Александра II и преобразованиями начала XX в. (Витте, Столыпин…). Это родство поверх различных эпох свидетельствует о неизбывности либеральных, демократических потенциалов отечественной культуры, социальности. Ростки свободы пробиваются сквозь бетон запретов, террора, страхов, диктатуры. Это особенно важно помнить сегодня, когда страна в очередной раз посажена в тоталитарную клетку. И, соглашаясь с оценкой современной России – «возвратный тоталитаризм», выскажем убежденность в наличии у нас и «возвратного либерализма». Пусть и гораздо более скромного по своим возможностям.

Вспомним, наконец, и о том, что хрущевская оттепель, начатая XX съездом, – не только звено в нашей освободительной истории. Это еще и пролог другой великой эпохи – перестройки Горбачева. Вне всякого сомнения, Михаил Сергеевич был продолжателем дела Никиты Сергеевича. Без установления этого родства невозможна адекватная оценка XX съезда.

I. «СЕКРЕТНЫЙ» ДОКЛАД, ИЛИ ГУЛ В ЗАЛЕ

XX съезд КПСС состоялся 14–25 февраля 1956 г. Его работа проходила в Москве в Большом Кремлевском дворце. Доклад Первого секретаря ЦК КПСС Н. С. Хрущева «О культе личности и его последствиях» был заслушан делегатами съезда на утреннем закрытом заседании 25 февраля 1956 г. Предложение о проведении закрытого заседания съезда и выступлении на нем Н. С. Хрущева с докладом «О культе личности и его последствиях» было выдвинуто Президиумом ЦК КПСС 13 февраля 1956 г. В тот же день состоялся Пленум ЦК КПСС, который принял это предложение.

Ход закрытого заседания съезда не стенографировался. После окончания доклада было решено прений по нему не открывать. По предложению Н. А. Булганина, председательствовавшего на этом заседании, съезд единогласно принял постановление «О культе личности и его последствиях», которое было опубликовано в печати, а также постановление о рассылке текста доклада партийным организациям без опубликования его в открытой печати.

1 марта 1956 г. текст доклада, предназначенный для направления партийным организациям, был разослан с запиской Н. С. Хрущева членам и кандидатам в члены Президиума, секретарям ЦК КПСС. В этом тексте была сделана небольшая стилистическая и редакторская правка: даны ссылки на произведения К. Маркса, Ф. Энгельса, В. И. Ленина и другие цитируемые источники, уточнены даты принятия отдельных документов, включены отступления докладчика от заранее подготовленного текста, отмечена реакция делегатов на те или иные положения доклада.

5 марта 1956 г. Президиум ЦК КПСС принял постановление «Об ознакомлении с докладом тов. Хрущева Н. С. “О культе личности и его последствиях” на XX съезде КПСС». В нем указывалось: «1. Предложить обкомам, крайкомам и ЦК компартий союзных республик ознакомить с докладом тов. Хрущева Н. С. “О культе личности и его последствиях” на XX съезде КПСС

всех коммунистов и комсомольцев, а также беспартийный актив рабочих, служащих и колхозников. 2. Доклад тов. Хрущева разослать партийным организациям с грифом “не для печати”, сняв с брошюры гриф “строго секретно”». В соответствии с этим постановлением доклад зачитывался на собраниях всех партийных и комсомольских организаций.

О КУЛЬТЕ ЛИЧНОСТИ И ЕГО ПОСЛЕДСТВИЯХ

Доклад Первого секретаря ЦК КПСС Никиты Сергеевича Хрущева XX съезду КПСС 25 февраля 1956 года.

Товарищи! В Отчетном докладе Центрального Комитета партии XX съезду, в ряде выступлений делегатов съезда, а также и раньше на Пленумах ЦК КПСС немало говорилось о культе личности и его вредных последствиях. После смерти Сталина Центральный Комитет партии стал строго и последовательно проводить курс на разъяснение недопустимости чуждого духу марксизма-ленинизма возвеличивания одной личности, превращения ее в какого-то сверхчеловека, обладающего сверхъестественными качествами, наподобие бога. Этот человек будто бы все знает, все видит, за всех думает, все может сделать; он непогрешим в своих поступках.

Такое понятие о человеке и, говоря конкретно, о Сталине культивировалось у нас много лет.

В настоящем докладе не ставится задача дать всестороннюю оценку жизни и деятельности Сталина. О заслугах Сталина еще при его жизни написано вполне достаточное количество книг, брошюр, исследований. Общеизвестна роль Сталина в подготовке и проведении социалистической революции, в гражданской войне, в борьбе за построение социализма в нашей стране. Это всем хорошо известно. Сейчас речь идет о вопросе, имеющем огромное значение и для настоящего, и для будущего партии, – речь идет о том, как постепенно складывался культ личности Сталина, который превратился на определенном этапе в источник целого ряда крупнейших и весьма тяжелых извращений партийных принципов, партийной демократии, революционной законности.

В связи с тем, что не все еще представляют себе, к чему на практике приводил культ личности, какой огромный ущерб был причинен нарушением принципа коллективного руководства в партии и сосредоточением необъятной, неограниченной власти в руках одного лица, Центральный Комитет партии считает необходимым доложить XX съезду Коммунистической партии Советского Союза материалы по этому вопросу.

Разрешите прежде всего напомнить вам, как сурово осуждали классики марксизма-ленинизма всякое проявление культа личности. В письме к немецкому политическому деятелю Вильгельму Блосу[5] Маркс заявлял:

«...Из неприязни ко всякому культу личности я во время существования Интернационала никогда не допускал до огласки многочисленные обращения, в которых признавались мои заслуги и которыми мне надоедали из разных стран, – я даже никогда не отвечал на них, разве только изредка за них отчитывал. Первое вступление Энгельса и мое в тайное общество коммунистов произошло под тем условием, что из устава будет выброшено все, что содействует суеверному преклонению перед авторитетами (Лассаль[6] впоследствии поступал как раз наоборот)».

Несколько позже Энгельс писал:

«И Маркс, и я, мы всегда были против всяких публичных демонстраций по отношению к отдельным лицам, за исключением только тех случаев, когда это имело какую-либо значительную цель; а больше всего мы были против таких демонстраций, которые при нашей жизни касались бы лично нас».

Известна величайшая скромность гения революции Владимира Ильича Ленина. Ленин всегда подчеркивал роль народа

5 Вильгельм Блос (1849–1927), немецкий публицист и историк. После Ноябрьской революции 1918 г. возглавил правительство Свободного народного государства Вюртемберг как министр-президент (с 1919 г. именовался государственным президентом), а также стал министром иностранных дел.

6 Фердинанд Лассаль (1825–1864), деятель немецкого рабочего движения, которого высоко ценил Карл Маркс.

как творца истории, руководящую и организующую роль партии как живого, самодеятельного организма, роль Центрального Комитета. Марксизм не отрицает роли лидеров рабочего класса в руководстве революционно-освободительным движением. Придавая большое значение роли вожаков и организаторов масс, Ленин вместе с тем беспощадно бичевал всякие проявления культа личности, вел непримиримую борьбу против чуждых марксизму эсеровских взглядов «героя» и «толпы», против попыток противопоставить «героя» массам, народу.

Ленин учил, что сила партии состоит в неразрывной связи с массами, в том, что за партией идет народ – рабочие, крестьяне, интеллигенция. «Только тот победит и удержит власть, – говорил Ленин, – кто верит в народ, кто окунется в родник живого народного творчества».

Ленин с гордостью говорил о большевистской, коммунистической партии как вожде и учителе народа, он призывал выносить на суд сознательных рабочих, на суд своей партии все важнейшие вопросы; он заявлял: «ей мы верим, в ней мы видим ум, честь и совесть нашей эпохи».

Ленин решительно выступал против всяких попыток умалить или ослабить руководящую роль партии в системе Советского государства. Он выработал большевистские принципы партийного руководства и нормы партийной жизни, подчеркнув, что высшим принципом партийного руководства является его коллективность. Еще в дореволюционные годы Ленин называл Центральный Комитет партии коллективом руководителей, хранителем и истолкователем принципов партии. «Принципы партии, – указывал Ленин, – блюдет от съезда до съезда и истолковывает их Центральный Комитет».

Подчеркивая роль Центрального Комитета партии, его авторитет, Владимир Ильич указывал: «Наш ЦК сложился в группу строго централизованную и высоко авторитетную...».

При жизни Ленина Центральный Комитет партии был подлинным выражением коллективного руководства партией и страной. Будучи воинствующим марксистом-революционером, всегда непримиримым в принципиальных вопросах, Ленин никогда не навязывал силой своих взглядов товарищам по работе. Он убеждал, терпеливо разъяснял свое мнение другим. Ленин всегда строго следил за тем, чтобы осуществлялись нормы партийной жизни, соблюдался Устав партии, своевременно созывались съезды партии, пленумы Центрального Комитета.

Помимо всего великого, что сделал В. И. Ленин для победы рабочего класса и трудового крестьянства, для победы нашей партии и претворения в жизнь идей научного коммунизма, его проницательность проявилась и в том, что он своевременно подметил в Сталине именно те отрицательные качества, которые привели позднее к тяжелым последствиям. Озабоченный дальнейшими судьбами партии и Советского государства, В. И. Ленин дал совершенно правильную характеристику Сталину, указав при этом, что надо рассмотреть вопрос о перемещении Сталина с должности генерального секретаря в связи с тем, что Сталин слишком груб, недостаточно внимателен к товарищам, капризен и злоупотребляет властью.

В декабре 1922 года в своем письме к очередному съезду партии Владимир Ильич писал: «Тов. Сталин, сделавшись генсеком, сосредоточил в своих руках необъятную власть, и я не уверен, сумеет ли он всегда достаточно осторожно пользоваться этой властью»[7].

Это письмо – важнейший политический документ, известный в истории партии как «завещание» Ленина, – роздано делегатам XX съезда партии. Вы его читали и будете, вероятно, читать еще не раз. Вдумайтесь в простые ленинские слова, в которых выражена забота Владимира Ильича о партии, о народе, о государстве, о дальнейшем направлении политики партии.

---

7 Речь идет о «Письме к съезду», включающем в себя записи, продиктованные 23, 24, 25, 26, 29 декабря 1922 г. и 4 января 1923 г.

Владимир Ильич говорил: «Сталин слишком груб, и этот недостаток, вполне терпимый в среде и в общениях между нами, коммунистами, становится нетерпимым в должности генсека. Поэтому я предлагаю товарищам обдумать способ перемещения Сталина с этого места и назначить на это место другого человека, который во всех других отношениях отличается от тов. Сталина только одним перевесом, именно, более терпим, более лоялен, более вежлив и более внимателен к товарищам, меньше капризности и т. д.».

Этот ленинский документ был оглашен по делегациям XIII съезда партии, которые обсуждали вопрос о перемещении Сталина с поста генерального секретаря. Делегации высказались за оставление Сталина на этом посту, имея в виду, что он учтет критические замечания Владимира Ильича и сумеет исправить свои недостатки, которые внушали серьезные опасения Ленину.

Товарищи! Необходимо доложить съезду партии о двух новых документах, дополняющих ленинскую характеристику Сталина, данную Владимиром Ильичом в его «завещании».

Эти документы письмо Надежды Константиновны Крупской председательствовавшему в то время в Политбюро Каменеву[8] и личное письмо Владимира Ильича Ленина Сталину.

Зачитываю эти документы:

1. Письмо Н. К. Крупской:

«Лев Борисыч,

по поводу коротенького письма, написанного мною под диктовку Влад. Ильича с разрешения врачей, Сталин позволил вчера по отношению ко мне грубейшую выходку. Я в партии не один день. За все 30 лет я не слышала ни от одного товарища ни одного грубого слова, интересы партии и Ильича мне не

---

8 Лев Борисович Каменев (1883–1936), видный большевик, вместе с Зиновьевым один из старейших соратников Ленина. В 1936 г. осужден по делу «Троцкистско-зиновьевского центра» и расстрелян. Посмертно реабилитирован в 1988 году[3].

менее дороги, чем Сталину. Сейчас мне нужен максимум самообладания. О чем можно и о чем нельзя говорить с Ильичом, я знаю лучше всякого врача, т. к. знаю, что его волнует, что нет, и во всяком случае лучше Сталина. Я обращаюсь к Вам и к Григорию[9], как более близким товарищам В. И., и прошу оградить меня от грубого вмешательства в личную жизнь, недостойной брани и угроз. В единогласном решении контрольной комиссии, которой позволяет себе грозить Сталин, я не сомневаюсь, но у меня нет ни сил, ни времени, которые я могла бы тратить на эту глупую склоку. Я тоже живая, и нервы напряжены у меня до крайности.

Н. Крупская».

Это письмо было написано Надеждой Константиновной 23 декабря 1922 года. Через два с половиной месяца, в марте 1923 года, Владимир Ильич Ленин направил Сталину следующее письмо:

2. Письмо В. И. Ленина.

«Товарищу СТАЛИНУ.

Копия: Каменеву и Зиновьеву.

Уважаемый т. Сталин, Вы имели грубость позвать мою жену к телефону и обругать ее. Хотя она Вам и выразила согласие забыть сказанное, но тем не менее этот факт стал известен через нее же Зиновьеву и Каменеву. Я не намерен забывать так легко то, что против меня сделано, а нечего и говорить, что сделанное против жены я считаю сделанным и против меня. Поэтому прошу Вас взвесить, согласны ли Вы взять сказанное назад и извиниться или предпочитаете порвать между нами отношения. (*Движение в зале.*)

С уважением: Ленин.

5 марта 1923 года».

---

9 Имеется в виду Григорий Евсеевич Зиновьев (1883–1936), один из лидеров большевиков, активный участник борьбы за власть после смерти Ленина. Расстрелян, посмертно реабилитирован в 1988 г.

Товарищи! Я не буду комментировать эти документы. Они красноречиво говорят сами за себя. Если Сталин мог так вести себя при жизни Ленина, мог так относиться к Надежде Константиновне Крупской, которую партия хорошо знает и высоко ценит как верного друга Ленина и активного борца за дело нашей партии с момента ее зарождения, то можно представить себе, как обращался Сталин с другими работниками. Эти его отрицательные качества все более развивались и за последние годы приобрели совершенно нетерпимый характер.

Как показали последующие события, тревога Ленина не была напрасной: Сталин первое время после кончины Ленина еще считался с его указаниями, а затем стал пренебрегать серьезными предупреждениями Владимира Ильича. Если проанализировать практику руководства партией и страной со стороны Сталина, вдуматься во все то, что было допущено Сталиным, убеждаешься в справедливости опасений Ленина. Те отрицательные черты Сталина, которые при Ленине проступали только в зародышевом виде, развились в последние годы в тяжкие злоупотребления властью со стороны Сталина, что причинило неисчислимый ущерб нашей партии.

Мы должны серьезно разобрать и правильно проанализировать этот вопрос для того, чтобы исключить всякую возможность повторения даже какого-либо подобия того, что имело место при жизни Сталина, который проявлял полную нетерпимость к коллективности в руководстве и работе, допускал грубое насилие над всем, что не только противоречило ему, но что казалось ему, при его капризности и деспотичности, противоречащим его установкам. Он действовал не путем убеждения, разъяснения, кропотливой работы с людьми, а путем навязывания своих установок, путем требования безоговорочного подчинения его мнению. Тот, кто сопротивлялся этому или старался доказывать свою точку зрения, свою правоту, тот был обречен на исключение из руководящего коллектива с последующим моральным и физическим уничтожением. Это особенно проявилось в период после XVII съезда партии, когда жертвами деспотизма Сталина оказались многие честные, преданные делу коммунизма, выдающиеся деятели партии и рядовые работники партии.

Следует сказать, что партия провела большую борьбу против троцкистов, правых, буржуазных националистов, идейно разгромила всех врагов ленинизма. Эта идейная борьба была проведена успешно, в ходе ее партия еще более окрепла и закалилась. И здесь Сталин сыграл свою положительную роль.

Партия провела большую идейную политическую борьбу против тех людей в своих рядах, которые выступали с антиленинскими положениями, с враждебной партии и делу социализма политической линией. Это была упорная, тяжелая, но необходимая борьба, потому что политическая линия и троцкистско-зиновьевского блока, и бухаринцев по существу вела к реставрации капитализма, к капитуляции перед мировой буржуазией. Представим себе на минуту, что бы получилось, если бы у нас в партии в 1928–1929 годах победила политическая линия правого уклона, ставка на «ситцевую индустриализацию»[10] , ставка на кулака и тому подобное. У нас не было бы тогда мощной тяжелой индустрии, не было бы колхозов, мы оказались бы обезоруженными и бессильными перед капиталистическим окружением.

Вот почему партия вела непримиримую борьбу с идейных позиций, разъясняла всем членам партии и беспартийным массам, в чем вред и опасность антиленинских выступлений троцкистской оппозиции и правых оппортунистов. И эта огромная работа по разъяснению линии партии дала свои плоды: и троцкисты, и правые оппортунисты были политически изолированы, подавляющее большинство партии поддержало

---

10 Под «ситцевой индустриализацией» подразумевалась индустриализация с акцентом на легкую промышленность – вопреки сталинской (социалистической) индустриализации, ставившей во главу угла тяжелую промышленность.

ленинскую линию, и партия сумела вдохновить и организовать трудящихся на проведение в жизнь ленинской линии партии, на построение социализма.

Обращает на себя внимание то обстоятельство, что даже в разгар ожесточенной идейной борьбы против троцкистов, зиновьевцев, бухаринцев и других – к ним не применялись крайние репрессивные меры. Борьба велась на идейной основе. Но через несколько лет, когда социализм был уже в основном построен в нашей стране, когда были в основном ликвидированы эксплуататорские классы, когда коренным образом изменилась социальная структура советского общества, резко сократилась социальная база для враждебных партий, политических течений и групп, когда идейные противники партии были политически давно уже разгромлены, против них начались репрессии.

И именно в этот период (1935–1937–1938 гг.) сложилась практика массовых репрессий по государственной линии сначала против противников ленинизма – троцкистов, зиновьевцев, бухаринцев, давно уже политически разбитых партией, а затем и против многих честных коммунистов, против тех кадров партии, которые вынесли на своих плечах гражданскую войну, первые, самые трудные годы индустриализации и коллективизации, которые активно боролись против троцкистов и правых, за ленинскую линию партии.

Сталин ввел понятие «враг народа». Этот термин сразу освобождал от необходимости всяких доказательств идейной неправоты человека или людей, с которыми ты ведешь полемику: он давал возможность всякого, кто в чем-то не согласен со Сталиным, кто был только заподозрен во враждебных намерениях, всякого, кто был просто оклеветан, подвергнуть самым жестоким репрессиям, с нарушением всяких норм революционной законности. Это понятие «враг народа» по существу уже снимало, исключало возможность какой-либо идейной борьбы или выражения своего мнения по тем или иным вопросам даже практического значения. Основным и, по сути дела, единственным доказательством вины делалось, вопреки всем нормам современной юридической науки, «признание» самого обвиняемого, причем это «признание», как показала затем проверка, получалось путем физических мер воздействия на обвиняемого.

Это привело к вопиющим нарушениям революционной законности, к тому, что пострадали многие совершенно ни в чем не виновные люди, которые в прошлом выступали за линию партии.

Следует сказать, что и в отношении людей, которые в свое время выступали против линии партии, часто не было достаточно серьезных оснований, чтобы их физически уничтожить. Для обоснования физического уничтожения таких людей и была введена формула «враг народа».

Ведь многие лица, которых впоследствии уничтожили, объявив их врагами партии и народа, при жизни В. И. Ленина работали вместе с Лениным. Некоторые из них и при Ленине делали ошибки, но, несмотря на это, Ленин использовал их на работе, поправлял, стремился к тому, чтобы они оставались в рамках партийности, вел их за собой.

В этой связи следует ознакомить делегатов съезда партии с неопубликованной запиской В. И. Ленина в Политбюро ЦК в октябре 1920 года. Определяя задачи Контрольной Комиссии, Ленин писал, что эту Комиссию необходимо сделать настоящим «органом партийной и пролетарской совести».

«К[а]к особое задание К[онтрольной] К[омиссии], рекомендовать внимательно-индивидуализирующее отношение, часто даже прямое своего рода лечение по отношению к представителям т[ак] наз[ываемой] оппозиции, потерпевшим психологич[еский] кризис в связи с неудачами в их советской или партийной карьере. Надо постараться успокоить их, объяснить им дело товарищески, подыскать им (без способа приказывания) подходящую к их психологич[еским] особенностям работу, дать в этом пункте советы и указания Оргбюро цека и т. п.»[11].

Всем хорошо известно, как непримирим был Ленин к идейным противникам марксизма, к тем, кто уклонялся от правильной партийной линии. В то же время Ленин, как это видно из зачитанного документа, из всей практики его руководства партией, требовал самого внимательного партийного подхода к людям, которые проявляли колебания, имели отступления от партийной линии, но которых можно было вернуть на путь партийности. Ленин советовал терпеливо воспитывать таких людей, не прибегая к крайним мерам.

В этом проявлялась мудрость Ленина в подходе к людям, в работе с кадрами.

Совсем иной подход был характерен для Сталина. Сталину были совершенно чужды ленинские черты – проводить терпеливую работу с людьми, упорно и кропотливо воспитывать их, уметь повести за собой людей не путем принуждения, а оказывая на них воздействие всем коллективом с идейных позиций. Он отбрасывал ленинский метод убеждения и воспитания, переходил с позиций идейной борьбы на путь административного подавления, на путь массовых репрессий, на путь террора. Он действовал все шире и настойчивее через карательные органы, часто нарушая при этом все существующие нормы морали и советские законы.

Произвол одного лица поощрял и допускал произвол других лиц. Массовые аресты и ссылки тысяч и тысяч людей, казни без суда и нормального следствия порождали неуверенность в людях, вызывали страх и даже озлобление.

Это, конечно, не способствовало сплочению рядов партии, всех слоев трудового народа, а, наоборот, приводило к уничтожению, отсечению от партии честных, но неугодных Сталину работников.

---

11 Имеется в виду «Проект постановления Политбюро ЦК РКП(б)», написанный В. И. Лениным 26 октября 1920 г.

Наша партия вела борьбу за претворение в жизнь ленинских планов построения социализма. Это была идейная борьба. Если бы в этой борьбе был проявлен ленинский подход, умелое сочетание партийной принципиальности с чутким и внимательным отношением к людям, желание не оттолкнуть, не потерять людей, а привлечь их на свою сторону, то мы, вероятно, не имели бы такого грубого нарушения революционной законности, применения методов террора в отношении многих тысяч людей. Исключительные меры были бы применены только к тем лицам, которые совершили действительные преступления против советского строя.

Обратимся к некоторым фактам истории.

В дни, предшествовавшие Октябрьской революции, два члена ЦК партии большевиков – Каменев и Зиновьев выступили против ленинского плана вооруженного восстания. Более того, 18 октября в меньшевистской газете «Новая жизнь» они опубликовали свое заявление о подготовке большевиками восстания и о том, что они считают восстание авантюрой, Каменев и Зиновьев раскрыли тем самым перед врагами решение ЦК о восстании, об организации этого восстания в ближайшее время.

Это было изменой делу партии, делу революции. В. И. Ленин в связи с этим писал: «Каменев и Зиновьев выдали Родзянке и Керенскому решение ЦК своей партии о вооруженном восстании...». Он поставил перед ЦК вопрос об исключении Зиновьева и Каменева из партии.

Но после свершения Великой Октябрьской социалистической революции, как известно, Зиновьев и Каменев были выдвинуты на руководящие посты. Ленин привлекал их к выполнению ответственнейших поручений партии, к активной работе в руководящих партийных и советских органах. Известно, что Зиновьев и Каменев при жизни В. И. Ленина совершили немало других крупных ошибок. В своем «завещании» Ленин предупреждал, что «октябрьский эпизод Зиновьева и Каменева, конечно, не являлся случайностью». Но Ленин не ставил вопроса об их аресте и тем более о их расстреле.

Или возьмем, к примеру, троцкистов. Сейчас, когда прошел достаточный исторический срок, мы можем говорить о борьбе с троцкистами вполне спокойно и довольно объективно разобраться в этом деле. Ведь вокруг Троцкого[12] были люди, которые отнюдь не являлись выходцами из среды буржуазии. Часть из них была партийной интеллигенцией, а некоторая часть – из рабочих. Можно было бы назвать целый ряд людей, которые в свое время примыкали к троцкистам, но они же принимали и активное участие в рабочем движении до революции и в ходе самой Октябрьской социалистической революции, и в укреплении завоеваний этой величайшей революции. Многие из них порвали с троцкизмом и перешли на ленинские позиции. Разве была необходимость физического уничтожения таких людей? Мы глубоко уверены, что если бы жив был Ленин, то такой крайней меры в отношении многих из них не было бы принято.

Таковы лишь некоторые факты истории. А разве можно сказать, что Ленин не решался применять к врагам революции, когда это действительно требовалось, самые жестокие меры? Нет, этого никто сказать не может. Владимир Ильич требовал жестокой расправы с врагами революции и рабочего класса и, когда возникала необходимость, пользовался этими мерами со всей беспощадностью. Вспомните хотя бы борьбу В. И. Ленина

---

12 Лев Давидович Троцкий (Бронштейн) (1879–1940), российский революционер, советский государственный, партийный и военно-политический деятель, основатель и идеолог троцкизма. Один из организаторов Октябрьской революции и один из создателей Красной армии. Был членом Политбюро ЦК ВКП(б), в первом советском правительстве занимал пост наркома по иностранным делам, а затем (1918–1925) возглавлял наркомат по военным и морским делам. С 1923 г. – лидер внутрипартийной левой оппозиции по отношению к политическому курсу Сталина. В 1928 году отправлен в ссылку, затем выслан за пределы СССР и лишен советского гражданства (1932). После высылки из СССР – создатель и главный теоретик IV Интернационала (1938). 20 августа 1940 г. был смертельно ранен агентом НКВД Рамоном Меркадером в Койоакане (Мексика) и умер на следующий день.

против эсеровских организаторов антисоветских восстаний, против контрреволюционного кулачества в 1918 году и других, когда Ленин без колебания принимал самые решительные меры по отношению к врагам. Но Ленин пользовался такими мерами против действительно классовых врагов, а не против тех, которые ошибаются, которые заблуждаются, которых можно путем идейного воздействия на них повести за собой и даже сохранить в руководстве.

Ленин применял суровые меры в самых необходимых случаях, когда в наличии были эксплуататорские классы, бешено сопротивлявшиеся революции, когда борьба по принципу «кто кого» неизбежно принимала самые острые формы, вплоть до гражданской войны. Сталин же применял самые крайние меры, массовые репрессии уже тогда, когда революция победила, когда укрепилось Советское государство, когда эксплуататорские классы были уже ликвидированы и социалистические отношения утвердились во всех сферах народного хозяйства, когда наша партия политически окрепла и закалилась как количественно, так и идейно. Ясное дело, что здесь были проявлены со стороны Сталина в целом ряде случаев нетерпимость, грубость, злоупотребление властью. Вместо доказательств своей политической правоты и мобилизации масс, он нередко шел по линии репрессий и физического уничтожения не только действительных врагов, но и людей, которые не совершали преступлений против партии и Советской власти. В этом никакой мудрости нет, кроме проявления грубой силы, что так беспокоило В. И. Ленина.

Центральный Комитет партии за последнее время, особенно после разоблачения банды Берия[13], рассмотрел ряд дел, сфабрикованных этой бандой. При этом обнаружилась весь-

---

13 Лаврентий Павлович Берия (1899–1953), бывший наркомом (министр) внутренних дел СССР, первый заместитель Председателя Совета Министров СССР, член Президиума ЦК КПСС. В июле 1953 г. Пленум ЦК КПСС за преступные антипартийные и антигосударственные действия вывел его из состава ЦК и исключил из партии. Он был снят со всех государственных постов. 23 декабря 1953 г. специальное судебное присутствие Верховного суда СССР приговорило Л. П. Берия к расстрелу.

ма неприглядная картина грубого произвола, связанного с неправильными действиями Сталина. Как показывают факты, Сталин, воспользовавшись неограниченной властью, допускал немало злоупотреблений, действуя от имени ЦК, не спрашивая мнения членов ЦК и даже членов Политбюро ЦК, зачастую не ставя их в известность о единолично принимаемых Сталиным решениях по очень важным партийным и государственным вопросам.

Рассматривая вопрос о культе личности, нам необходимо прежде всего выяснить, какой ущерб это нанесло интересам нашей партии.

Владимир Ильич Ленин всегда подчеркивал роль и значение партии в руководстве социалистическим государством рабочих и крестьян, видя в этом главное условие успешного строительства социализма в нашей стране. Указывая на огромную ответственность большевистской партии как правящей партии Советского государства, Ленин призывал к строжайшему соблюдению всех норм партийной жизни, к осуществлению принципов коллективности руководства партией и страной.

Коллективность руководства вытекает из самой природы нашей партии, построенной на началах демократического централизма. «Это значит, – говорил Ленин, – что все дела партии ведут, прямо или через представителей, все члены партии, на равных правах и без всякого исключения; причем все должностные лица, все руководящие коллегии, все учреждения партии – выборные, подотчетные, сменяемые»[14].

Известно, что сам Ленин показывал пример строжайшего соблюдения этих принципов. Не было такого важного вопроса, по которому Ленин принимал бы решение единолично, не посоветовавшись и не получив одобрения большинства членов ЦК или членов Политбюро ЦК.

В самые трудные для нашей партии и страны периоды Ленин считал необходимым регулярно проводить съезды, конфе-

---

14 соч., т. 11, стр. 396

ренции партии, пленумы ее Центрального Комитета, на которых обсуждались все важнейшие вопросы и принимались всесторонне разработанные коллективом руководителей решения.

Вспомним, например, 1918 год, когда над страной нависла угроза нашествия империалистических интервентов. В этих условиях был созван VII съезд партии для обсуждения жизненно важного и неотложного вопроса – о мире. В 1919 году, в разгар гражданской войны, созывается VIII съезд партии, на котором была принята новая программа партии, решены такие важные вопросы, как вопрос об отношении к основным массам крестьянства, о строительстве Красной Армии, о руководящей роли партии в работе Советов, об улучшении социального состава партии и другие. В 1920 году созывается IX съезд партии, определивший задачи партии и страны в области хозяйственного строительства. В 1921 году на X съезде партии были приняты разработанная Лениным новая экономическая политика и историческое решение «О единстве партии».

При жизни Ленина съезды партии проводились регулярно, на каждом крутом повороте в развитии партии и страны Ленин считал прежде всего необходимым широкое обсуждение партией коренных вопросов внутренней и внешней политики, партийного и государственного строительства.

Весьма характерно, что свои последние статьи, письма и заметки Ленин адресовал именно партийному съезду, как высшему органу партии. От съезда к съезду Центральный Комитет партии выступал как высокоавторитетный коллектив руководителей, строго соблюдающий принципы партии и проводящий в жизнь ее политику. Так было при жизни Ленина.

Соблюдались ли эти священные для нашей партии ленинские принципы после кончины Владимира Ильича?

Если в первые годы после смерти Ленина съезды партии и пленумы ЦК проводились более или менее регулярно, то позднее, когда Сталин начал все более злоупотреблять властью, эти принципы стали грубо нарушаться. Особенно это проявилось за последние полтора десятка лет его жизни. Разве можно считать нормальным тот факт, что между XVIII и XIX съездами партии прошло более тринадцати лет, в течение которых наша партия и страна пережили столько событий? Эти события настоятельно требовали принятия партией решений по вопросам обороны страны в условиях Отечественной войны и по вопросам мирного строительства в послевоенные годы. Даже после окончания войны съезд не собирался более семи лет.

Почти не созывались пленумы Центрального Комитета. Достаточно сказать, что за все годы Великой Отечественной войны фактически не было проведено ни одного Пленума ЦК. Правда, была попытка созвать Пленум ЦК в октябре 1941 года[15], когда в Москву со всей страны были специально вызваны члены ЦК. Два дня они ждали открытия Пленума, но так и не дождались. Сталин даже не захотел встретиться и побеседовать с членами Центрального Комитета. Этот факт говорит о том, насколько был деморализован Сталин в первые месяцы войны и как высокомерно и пренебрежительно относился он к членам ЦК.

В этой практике нашло свое выражение игнорирование со стороны Сталина норм партийной жизни, попрание им ленинского принципа коллективности партийного руководства.

Произвол Сталина по отношению к партии, к ее Центральному Комитету особенно проявился после XVII съезда партии, состоявшегося в 1934 году.

Центральный Комитет, располагая многочисленными фактами, свидетельствующими о грубом произволе в отношении

---

15 Постановлением Политбюро ЦК ВКП(б) от 2 октября 1941 г. намечалось созвать Пленум ЦК ВКП(б) 10 октября 1941 г. с повесткой дня: «1. Военное положение нашей страны. 2. Партийная и государственная работа для обороны страны». Постановлением Политбюро ЦК ВКП(б) от 9 октября 1941 г. созыв Пленума был отложен «ввиду создавшегося недавно тревожного положения на фронтах и нецелесообразности отвлечения с фронтов руководящих товарищей». В годы войны был только один Пленум ЦК, состоявшийся 27 января 1944 г.

партийных кадров, выделил партийную комиссию[16] Президиума ЦК, которой поручил тщательно разобраться в вопросе о том, каким образом оказались возможными массовые репрессии против большинства состава членов и кандидатов Центрального Комитета партии, избранного XVII съездом ВКП(б).

Комиссия ознакомилась с большим количеством материалов в архивах НКВД, с другими документами и установила многочисленные факты фальсифицированных дел против коммунистов, ложных обвинений, вопиющих нарушений социалистической законности, в результате чего погибли невинные люди. Выясняется, что многие партийные, советские, хозяйственные работники, которых объявили в 1937–1938 годах «врагами», в действительности никогда врагами, шпионами, вредителями и т. п. не являлись, что они, по существу, всегда оставались честными коммунистами, но были оклеветаны, а иногда, не выдержав зверских истязаний, сами на себя наговаривали (под диктовку следователей-фальсификаторов) всевозможные тяжкие и невероятные обвинения. Комиссия представила в Президиум ЦК большой документальный материал о массовых репрессиях против делегатов XVII партийного съезда и членов Центрального Комитета, избранного этим съездом. Этот материал был рассмотрен Президиумом Центрального Комитета.

Установлено, что из 139 членов и кандидатов в члены Центрального Комитета партии, избранных на XVII съезде партии, было арестовано и расстреляно (главным образом в 1937–1938 гг.) 98 человек, то есть 70 процентов. (*Шум возмущения в зале.*)

Что собой представлял состав делегатов XVII съезда? Известно, что 80 процентов состава участников XVII съезда с правом решающего голоса вступили в партию в годы революци-

---

16 Речь идет о комиссии, образованной Президиумом ЦК КПСС 31 декабря 1955 г. для изучения материалов о массовых репрессиях членов и кандидатов в члены ЦК ВКП(б), избранного XVII съездом партии, и других советских граждан в период 1935–1940 гг. В состав комиссии вошли секретари ЦК КПСС П. Н. Поспелов и А. Б. Аристов, председатель ВЦСПС Н. М. Шверник, заместитель Председателя Комитета партийного контроля при ЦК КПСС П. Т. Комаров.

онного подполья и гражданской войны, то есть до 1920 года включительно. По социальному положению основную массу делегатов съезда составляли рабочие (60 процентов делегатов с правом решающего голоса).

Поэтому совершенно немыслимо было, чтобы съезд такого состава избрал Центральный Комитет, в котором большинство оказалось бы врагами партии. Только в результате того, что честные коммунисты были оклеветаны и обвинения к ним были фальсифицированы, что были допущены чудовищные нарушения революционной законности, 70 процентов членов и кандидатов ЦК, избранных XVII съездом, были объявлены врагами партии и народа.

Такая судьба постигла не только членов ЦК, но и большинство делегатов XVII съезда партии. Из 1966 делегатов съезда с решающим и совещательным голосом было арестовано по обвинению в контрреволюционных преступлениях значительно больше половины – 1108 человек. Уже один этот факт говорит, насколько нелепыми, дикими, противоречащими здравому смыслу были обвинения в контрреволюционных преступлениях, предъявленные, как теперь выясняется, большинству участников XVII съезда партии. (*Шум возмущения в зале.*)

Нужно напомнить, что XVII съезд партии вошел в историю как «съезд победителей». Делегатами съезда были избраны активные участники строительства нашего социалистического государства, многие из них вели самоотверженную борьбу за дело партии в дореволюционные годы в подполье и на фронтах гражданской войны, они храбро дрались с врагами, не раз смотрели в глаза смерти и не дрогнули. Как же можно поверить, чтобы такие люди в период после политического разгрома зиновьевцев, троцкистов и правых, после великих побед социалистического строительства оказались «двурушниками», перешли в лагерь врагов социализма?

Это произошло в результате злоупотребления властью со стороны Сталина, который начал применять массовый террор против кадров партии.

Почему массовые репрессии против актива все больше усиливались после XVII съезда партии? Потому, что Сталин к этому времени настолько возвысился над партией и над народом, что он уже совершенно не считался ни с Центральным Комитетом, ни с партией. Если до XVII съезда он еще признавал мнение коллектива, то после полного политического разгрома троцкистов, зиновьевцев, бухаринцев, когда в результате этой борьбы и побед социализма было достигнуто сплочение партии, сплочение народа, Сталин все больше и больше перестал считаться с членами ЦК партии и даже с членами Политбюро. Сталин полагал, что он может теперь сам вершить все дела, а остальные нужны ему как статисты, всех других он держал в таком положении, что они должны были только слушать и восхвалять его.

После злодейского убийства С. М. Кирова[17] начались массовые репрессии и грубые нарушения социалистической законности. Вечером 1 декабря 1934 года по инициативе Сталина (без решения Политбюро – это было оформлено опросом только через два дня) было подписано секретарем Президиума ЦИК Енукидзе[18] следующее постановление[19]:

«1) Следственным властям – вести дела обвиняемых в подготовке или совершении террористических актов ускоренным порядком;

---

17 Сергей Миронович Киров (Костриков) (1886–1934), русский революционер, советский государственный и политический деятель. Первый секретарь Ленинградского обкома ВКП(б). 1 декабря 1934 г. был убит Леонидом Николаевым. Убийство Кирова послужило поводом для начала массовых репрессий в СССР.

18 Авель Сафронович Енукидзе (1877–1937), член партии с 1898 г. С июля 1918 г. член и секретарь ВЦИК и Президиума ЦИК СССР. Крестный отец жены Иосифа Сталина Надежды Аллилуевой. Расстрелян в 1937 г., реабилитирован посмертно.

19 Речь идет о постановлении ЦИК СССР от 1 декабря 1934 г. «О порядке ведения дел о подготовке или совершении террористических актов», получившем впоследствии наименование «Закон от 1 декабря 1934 г.» и действовавшем до 1956 г. Данное постановление не вносилось на утверждение сессией ЦИК СССР, как это требовалось по Конституции СССР.

2) Судебным органам – не задерживать исполнения приговоров о высшей мере наказания из-за ходатайств преступников данной категории о помиловании, так как Президиум ЦИК Союза ССР не считает возможным принимать подобные ходатайства к рассмотрению;

3) Органам Наркомвнудела – приводить в исполнение приговора о высшей мере наказания в отношении преступников названных выше категорий немедленно по вынесении судебных приговоров».

Это постановление послужило основанием для массовых нарушений социалистической законности. Во многих фальсифицированных следственных делах обвиняемым приписывалась «подготовка» террористических актов, и это лишало обвиняемых какой-либо возможности проверки их дел даже тогда, когда они на суде отказывались от вынужденных своих «признаний» и убедительно опровергали предъявленные им обвинения.

Следует сказать, что обстоятельства, связанные с убийством т. Кирова, до сих пор таят в себе много непонятного и загадочного и требуют самого тщательного расследования. Есть основания думать, что убийце Кирова – Николаеву[20] кто-то помогал из людей, обязанных охранять Кирова. За полтора месяца до убийства Николаев был арестован за подозрительное поведение, но был выпущен и даже не обыскан. Крайне подозрительным является то обстоятельство, что, когда прикрепленного к Кирову чекиста 2 декабря 1934 года везли на допрос, он оказался убитым при «аварии» автомашины, причем никто из сопровождающих его лиц при этом не пострадал. После убийства Кирова руководящие работники Ленинградского НКВД были сняты с работы и подвергнуты очень мягким наказаниям, но в 1937 году были расстреляны. Можно думать, что их расстреляли затем, чтобы

20 Леонид Васильевич Николаев (1904–1934), состоял в партии с 1924 г. Некоторое время был инструктором Ленинградского обкома партии и Ленинградского института истории ВКП(б). В апреле 1934 г. уволен из института, нигде не работал. 1 декабря 1934 г. совершил покушение на С. М. Кирова. Осужден и расстрелян.

замести следы организаторов убийства Кирова. (*Движение в зале.*)

Массовые репрессии резко усилились с конца 1936 года, после телеграммы Сталина и Жданова[21] из Сочи от 25 сентября 1936 года, адресованной Кагановичу[22], Молотову[23] и другим членам Политбюро, в которой говорилось следующее:

«Считаем абсолютно необходимым и срочным делом назначение т. Ежова[24] на пост наркомвнудела. Ягода[25] явным образом оказался не на высоте своей задачи в деле разоблачения троцкистско-зиновьевского блока. ОГПУ опоздал в этом деле на 4 года. Об этом говорят все партработники и большинство об-

---

21 Андрей Александрович Жданов (1896–1948), член партии с 1915 г. В 1934–1948 гг. секретарь ЦК ВКП(б) и одновременно в 1934–1944 гг. первый секретарь Ленинградского обкома и горкома партии. С 1935 г. кандидат в члены Политбюро. С 1939 г. член Политбюро ЦК ВКП(б).

22 Лазарь Моисеевич Каганович (1893–1991), состоял в партии с 1911 г. С 1924 г. член ЦК, с 1925 г. секретарь, с 1930 г. член Политбюро ЦК ВКП(б). В 1957 г. за антипартийную деятельность выведен из состава ЦК КПСС. В 1962 г. исключен из партии.

23 Вячеслав Михайлович Молотов (Скрябин) (1890–1986), член партии с 1906 г. В 1920 г. секретарь ЦК КП(б) Украины. В 1921–1930 гг. секретарь ЦК партии. В 1930–1941 гг. председатель Совнаркома СССР. В 1941–1957 гг. первый зам. председателя Совнаркома (Совета Министров) СССР, одновременно в 1941–1945 гг. зам. председателя Государственного комитета обороны. В 1939–1949 и 1953–1956 гг. нарком, затем министр иностранных дел СССР, министр Госконтроля. С 1957 г. посол СССР в МНР. С 1960 г. представитель СССР при МАГАТЭ (Австрия). С 1921 г. член ЦК партии. В 1921–1926 гг. кандидат, а в 1926–1957 гг. член Политбюро (Президиума) ЦК КПСС. В 1957 г. за антипартийную деятельность выведен из состава ЦК КПСС. В 1962 г. исключен из членов КПСС. В 1984 г. восстановлен членом партии с 1906 года.

24 Николай Иванович Ежов (1895–1940), состоял в партии с 1917 г. На XVII съезде партии избран членом ЦК. С 1935 г. секретарь ЦК ВКП(б), председатель Комиссии партийного контроля. В 1936–1938 гг. нарком внутренних дел СССР, затем нарком водного транспорта. С 1938 г. кандидат в члены Политбюро ЦК ВКП(б). Арестован в 1939 г., расстрелян в январе 1940 г. по приговору военной коллегии Верховного суда СССР.

25 Генрих Григорьевич Ягода (1891–1938), состоял в партии с 1907 г. В 1934–1936 гг. председатель ОГПУ, нарком НКВД. С 1936 г. нарком связи СССР. В 1938 г. был предан суду по делу так называемого «антисоветского правотроцкистского блока» и расстрелян.

ластных представителей НКВД». Следует, кстати, заметить, что с партработниками Сталин не встречался и поэтому мнение их знать не мог.

Эта сталинская установка о том, что «НКВД опоздал на 4 года» с применением массовых репрессий, что надо быстро «наверстать» упущенное, прямо толкала работников НКВД на массовые аресты и расстрелы.

Приходится отметить, что эта установка была навязана и февральско-мартовскому Пленуму ЦК ВКП(б) 1937 года. В резолюции Пленума по докладу Ежова «Уроки вредительства, диверсий и шпионажа японо-немецко-троцкистских агентов» говорилось:

«Пленум ЦК ВКП(б) считает, что все факты, выявленные в ходе следствия по делам антисоветского троцкистского центра и его сторонников на местах, показывают, что с разоблачением этих злейших врагов народа Наркомвнудел запоздал, по крайней мере, на 4 года».

Массовые репрессии проводились в то время под флагом борьбы с троцкистами. Представляли ли в действительности в это время троцкисты такую опасность для нашей партии и Советского государства? Следует напомнить, что в 1927 году, накануне XV съезда партии, за троцкистско-зиновьевскую оппозицию голосовало всего лишь 4 тыс. человек, тогда как за линию партии голосовало 724 тысячи. За 10 лет, которые прошли с XV съезда партии до февральско-мартовского Пленума ЦК, троцкизм был полностью разгромлен, многие бывшие троцкисты отказались от своих прежних взглядов и работали на различных участках социалистического строительства. Ясно, что оснований для массового террора в стране в условиях победы социализма не было.

В докладе Сталина на февральско-мартовском Пленуме ЦК 1937 года «О недостатках партийной работы и мерах ликвидации троцкистских и иных двурушников» была сделана попытка теоретически обосновать политику массовых репрессий под тем предлогом, что по мере нашего продвижения вперед к социализму классовая борьба должна якобы все более и более обостряться. При этом Сталин утверждал, что так учит история, так учит Ленин.

На самом же деле Ленин указывал, что применение революционного насилия вызывается необходимостью подавить сопротивление эксплуататорских классов, и эти указания Ленина относились к тому периоду, когда существовали и были сильны эксплуататорские классы. Как только политическая обстановка в стране улучшилась, как только в январе 1920 года был взят Красной Армией Ростов и была одержана главная победа над Деникиным[26], Ленин дал указание Дзержинскому[27] об отмене массового террора и об отмене смертной казни. Ленин следующим образом обосновал это важное политическое мероприятие советской власти в своем докладе на сессии ВЦИК 2 февраля 1920 года:

«Террор был нам навязан терроризмом Антанты, когда всемирно-могущественные державы обрушились на нас своими полчищами, не останавливаясь ни перед чем. Мы не могли бы продержаться и двух дней, если бы на эти попытки офицеров и белогвардейцев не ответили беспощадным образом, и это означало террор, но это было навязано нам террористическими приемами Антанты. И как только мы одержали решительную победу, еще до окончания войны, тотчас же после взятия Ростова, мы отказались от применения смертной казни и этим показали, что к своей собственной программе мы относимся так, как обещали. Мы говорим, что применение насилия вы-

---

26 Антон Иванович Деникин (1872–1947), русский военачальник, генерал-лейтенант, политический и общественный деятель, писатель. Один из главных и наиболее известных лидеров Белого движения во время Гражданской войны в России. С апреля 1920 г. – эмигрант, один из основных политических деятелей русской эмиграции.

27 Феликс Эдмундович Дзержинский (1877–1926), российский и польский революционер, советский государственный и партийный деятель. Глава ряда народных комиссариатов, основатель и руководитель ВЧК.

зывается задачей подавить эксплуататоров, подавить помещиков и капиталистов; когда это будет разрешено, мы от всяких исключительных мер отказываемся. Мы доказали это на деле».

Сталин отступил от этих прямых и ясных программных указаний Ленина. После того, как были уже ликвидированы все эксплуататорские классы в нашей стране и не было никаких сколько-нибудь серьезных оснований для массового применения исключительных мер, для массового террора, Сталин ориентировал партию, ориентировал органы НКВД на массовый террор.

Этот террор оказался фактически направленным не против остатков разбитых эксплуататорских классов, а против честных кадров партии и Советского государства, которым предъявлялись ложные, клеветнические, бессмысленные обвинения в «двурушничестве», «шпионаже», «вредительстве», подготовке каких-либо выдуманных «покушений» и т. п.

На февральско-мартовском Пленуме ЦК (1937 г.) в выступлениях ряда членов ЦК по существу высказывались сомнения в правильности намечавшегося курса на массовые репрессии под предлогом борьбы с «двурушниками». Наиболее ярко эти сомнения были выражены в выступлении тов. Постышева[28]. Он говорил:

«Я рассуждал: прошли такие крутые годы борьбы, гнилые члены партии ломались или уходили к врагам, здоровые дрались за дело партии. Это – годы индустриализации, коллективизации. Я никак не предполагал, что, пройдя этот крутой период,

---

28 Павел Петрович Постышев (1887–1939), член партии с 1904 г. С 1926 г. секретарь ЦК КП(б) Украины. С 1930 г. секретарь, член Оргбюро ЦК ВКП(б). В 1933–1937 гг. второй секретарь ЦК КП(б) Украины, затем первый секретарь Куйбышевского обкома партии. Член ЦК ВКП(б) с 1927 г., кандидат в члены Политбюро ЦК ВКП(б) с 1934 г. В феврале 1938 г. вместе с женой арестован на своей московской квартире, затем снят со всех постов. В феврале 1939 г. приговорен к расстрелу и в тот же день расстрелян в Бутырской тюрьме. В 1956 г. реабилитирован.

Карпов[29] и ему подобные попадут в лагерь врага. (Карпов – это работник ЦК партии Украины, которого хорошо знал Постышев.) А вот, по показаниям, якобы Карпов с 1934 года был завербован троцкистами. Я лично думаю, что в 1934 году здоровому члену партии, который прошел длительный путь ожесточенной борьбы с врагами за дело партии, за социализм, попасть в стан врагов невероятно. Я этому не верю... Я себе не представляю, как можно пройти тяжелые годы с партией и потом в 1934 году пойти к троцкистам. Странно это...» (*Движение в зале.*)

Используя установку Сталина о том, что чем ближе к социализму, тем больше будет и врагов, используя резолюцию февральско-мартовского Пленума ЦК по докладу Ежова, провокаторы, пробравшиеся в органы государственной безопасности, а также бессовестные карьеристы стали прикрывать именем партии массовый террор против кадров партии и Советского государства, против рядовых советских граждан. Достаточно сказать, что количество арестованных по обвинению в контрреволюционных преступлениях увеличилось в 1937 году по сравнению с 1936 годом более чем в десять раз!

Известно, какой грубый произвол допускался также в отношении руководящих работников партии. Устав партии, принятый XVII съездом, исходил из ленинских указаний периода X съезда партии и говорил, что условием применения к членам ЦК, кандидатам в члены ЦК и членам Комиссии партийного контроля такой крайней меры, как исключение из партии, «должен быть созыв Пленума ЦК с приглашением всех кандидатов в члены ЦК и всех членов Комиссии партийного контроля», что только при условии, если такое общее собрание ответственных руководителей партии двумя третями голосов признает это необходимым, могло состояться исключение из партии члена или кандидата ЦК.

---

29 Мирон Моисеевич Карпов (Карпов-Голуб) (1901–1939), член партии с 1920 г. До ареста работал завотделом пропаганды и агитации Киевского обкома КП(б) Украины.

Большинство членов и кандидатов ЦК, избранных XVII съездом и подвергшихся арестам в 1937–1938 годах, были исключены из партии незаконно, с грубым нарушением Устава партии, поскольку вопрос об их исключении не ставился на обсуждение Пленума ЦК.

Теперь, когда расследованы дела в отношении некоторых из этих мнимых «шпионов» и «вредителей», установлено, что эти дела являются фальсифицированными. Признания многих арестованных людей, обвиненных во вражеской деятельности, были получены путем жестоких, бесчеловечных истязаний.

В то же время Сталин, как сообщают члены Политбюро того времени, не рассылал им заявлений ряда оклеветанных политических деятелей, когда те отказывались от своих показаний на суде Военной коллегии и просили объективно расследовать их дело. А таких заявлений было немало, и Сталин, несомненно, был ознакомлен с ними.

Центральный Комитет считает необходимым доложить съезду о ряде фальсифицированных «дел» против членов Центрального Комитета партии, избранных на XVII партийном съезде.

Примером гнусной провокации, злостной фальсификации и преступных нарушений революционной законности является дело бывшего кандидата в члены Политбюро ЦК, одного из видных деятелей партии и Советского государства т. Эйхе[30], члена партии с 1905 года. (*Движение в зале.*)

Тов. Эйхе был арестован 29 апреля 1938 года по клеветническим материалам без санкции прокурора СССР, которая была получена лишь через 15 месяцев после ареста.

Следствие по делу Эйхе проводилось в обстановке грубейших извращений советской законности, произвола и фальсификации.

---

30 Роберт Индрикович Эйхе (1890–1940), член партии с 1905 г. Участник революции и борьбы за советскую власть в Латвии. С 1925 г. председатель Сибирского крайисполкома, первый секретарь Западно-Сибирского крайкома ВКП(б). В 1937–1938 гг. нарком земледелия СССР. С 1930 г. член ЦК, с 1935 г. кандидат в члены Политбюро ЦК ВКП(б). Член ЦИК СССР.

Эйхе под пытками понуждали подписывать заранее составленные следователями протоколы допросов, в которых возводились обвинения в антисоветской деятельности против него самого и ряда видных партийных и советских работников.

1 октября 1939 года Эйхе обратился с заявлением на имя Сталина, в котором категорически отрицал свою виновность и просил разобраться с его делом. В заявлении он писал:

«Нет более горькой муки, как сидеть в тюрьме при строе, за который всегда боролся».

Сохранилось второе заявление Эйхе, посланное им Сталину 27 октября 1939 года, в котором он убедительно, опираясь на факты, опровергает предъявленные ему клеветнические обвинения, показывает, что эти провокационные обвинения являются, с одной стороны, делом действительных троцкистов, санкцию на арест которых он, как первый секретарь Западно-Сибирского крайкома партии, давал и которые сговорились отомстить ему, а с другой стороны, результатом грязной фальсификации вымышленных материалов следователями.

Эйхе писал в своем заявлении:

«25 октября с. г. мне объявили об окончании следствия по моему делу и дали возможность ознакомиться со следственным материалом. Если бы я был виноват, хотя бы в сотой доле хотя одного из предъявленных мне преступлений, я не посмел бы к Вам обратиться с этим предсмертным заявлением, но я не совершил ни одного из инкриминируемых мне преступлений и никогда у меня не было ни тени подлости на душе. Я Вам никогда в жизни не говорил ни полслова неправды, и теперь, находясь обеими ногами в могиле, я Вам тоже не вру. Все мое дело – это образец провокации, клеветы и нарушения элементарных основ революционной законности...

...Имеющиеся в следственном моем деле обличающие меня показания не только нелепы, но содержат по ряду моментов клевету на ЦК ВКП(б) и СНК, так как принятые не по моей инициативе и без моего участия правильные решения

ЦК ВКП(б) и СНК изображаются вредительскими актами контрреволюционной организации, проведенными по моему предложению...

Теперь я перехожу к самой позорной странице своей жизни и к моей действительно тяжкой вине перед партией и перед Вами. Это о моих признаниях в контрреволюционной деятельности... Дело обстояло так: не выдержав истязаний, которые применили ко мне Ушаков[31] и Николаев[32], особенно первый, который ловко пользовался тем, что у меня после перелома еще плохо заросли позвоночники, и причинял мне невыносимую боль, заставили меня оклеветать себя и других людей.

Большинство моих показаний подсказаны или продиктованы Ушаковым, и остальные я по памяти переписывал материалы НКВД по Западной Сибири, приписывая все эти приведенные в материалах НКВД факты себе. Если в творимой Ушаковым и мною подписанной легенде что-нибудь не клеилось, то меня заставляли подписывать другой вариант. Так было с Рухимовичем[33], которого сперва записали в запасной центр, а потом, даже не говоря мне ничего, вычеркнули, так же было с председателем запасного центра, созданного якобы Бухариным в 1935 году. Сперва я записал себя, но по-

---

31 Зиновий Маркович Ушаков (1895–1940), ответственный сотрудник ВЧК-ОГПУ-НКВД СССР, майор государственной безопасности. Помощник начальника Особого отдела ГУГБ НКВД СССР, следователь по особо важным делам.

32 Николай Галактионович Николаев-Журид (1897–1940), ответственный сотрудник ВЧК-ОГПУ-НКВД СССР, комиссар государственной безопасности 3-го ранга. Одна из главных фигур «Большого террора» 1937–1938 гг.

33 Моисей Львович Рухимович (1889–1938), член партии с 1913 г. Активный участник Октябрьской революции и гражданской войны на Украине. С 1925 г. на государственной и партийной работе, нарком оборонной промышленности СССР. С 1924 г. член ЦК партии. 15 октября 1937 г. отстранен от должности и на следующий день арестован. Приговорен к смертной казни. Посмертно реабилитирован 14 марта 1956 г.

том мне предложили записать Межлаука[34], и многие другие моменты...

...Я Вас прошу и умоляю поручить доследовать мое дело, и это не ради того, чтобы меня щадили, а ради того, чтобы разоблачить гнусную провокацию, которая, как змея, опутала многих людей, в частности, и из-за моего малодушия и преступной клеветы. Вам и партии я никогда не изменял. Я знаю, что погибаю из-за гнусной, подлой работы врагов партии и народа, которые создали провокацию против меня».

Казалось бы, такое важное заявление должно было быть обязательно обсуждено в ЦК. Но этого не произошло, заявление было направлено Берия, и жестокая расправа над оклеветанным кандидатом в члены Политбюро тов. Эйхе продолжалась.

2 февраля 1940 года Эйхе был предан суду. В суде Эйхе виновным себя не признал и заявил следующее:

«Во всех якобы моих показаниях нет ни одной названной мною буквы, за исключением подписей внизу протоколов, которые подписаны вынужденно. Показания даны под давлением следователя, который с самого начала моего ареста начал меня избивать. После этого я и начал писать всякую чушь... Главное для меня – это сказать суду, партии и Сталину о том, что я не виновен. Никогда участником заговора не был. Я умру так же с верой в правильность политики партии, как верил в нее на протяжении всей своей работы».

4 февраля Эйхе был расстрелян. (*Шум возмущения в зале.*) В настоящее время бесспорно установлено, что дело Эйхе было сфальсифицировано, и он посмертно реабилитирован.

Полностью отказался на суде от своих вынужденных показаний кандидат в члены Политбюро тов. Рудзутак[35], член пар-

34 Валерий Иванович Межлаук (1893–1938), член партии с 1917 г. Советский партийный и государственный деятель. Заместитель Председателя СНК СССР, председатель Госплана СССР. Расстрелян в 1938 г., реабилитирован посмертно.

35 Ян Эрнестович Рудзутак (1887–1938), член партии с 1905 г. С 1917 г. председатель Московского совнархоза. С 1920 г. председатель ЦК

тии с 1905 года, пробывший 10 лет на царской каторге. В протоколе судебного заседания Военной коллегии Верховного суда записано следующее заявление Рудзутака:

«...Его единственная просьба к суду – это довести до сведения ЦК ВКП(б) о том, что в органах НКВД имеется еще не выкорчеванный гнойник, который искусственно создает дела, принуждая ни в чем не повинных людей признавать себя виновными. Что проверка обстоятельств обвинения отсутствует и не дается никакой возможности доказать свою непричастность к тем преступлениям, которые выдвинуты теми или иными показаниями разных лиц. Методы следствия таковы, что заставляют выдумывать и оговаривать ни в чем не повинных людей, не говоря уже о самом подследственном. Просит суд дать ему возможность все это написать для ЦК ВКП(б). Заверяет суд, что лично у него никогда не было никакой плохой мысли против политики нашей партии, так как он всегда полностью разделял всю ту политику партии, которая проводилась во всех областях хозяйственного и культурного строительства».

Это заявление Рудзутака было оставлено без внимания, хотя Рудзутак, как известно, являлся в свое время председателем Центральной Контрольной Комиссии, которая была создана, по мысли Ленина, для борьбы за единство партии. Председатель же этого высокоавторитетного партийного органа стал жертвой грубого произвола: его даже не вызвали в Политбюро ЦК, Сталин не пожелал с ним разговаривать. Он был осужден в течение 20 минут и расстрелян. (*Шум возмущения в зале.*)

железнодорожных рабочих, одновременно генеральный секретарь ВЦСПС. Затем секретарь ЦК РКП(б), нарком путей сообщения СССР. С 1926 г. зам. председателя Совнаркома и Совета Труда и Обороны СССР, одновременно с 1931 г. председатель ЦКК ВКП(б) и нарком Рабоче-Крестьянской инспекции. В 1926–1932 гг. член Политбюро ЦК. В мае 1937 г. арестован НКВД СССР, виновным себя не признал. Расстрелян 29 июля 1938 г. Проверкой, проведенной в 1955 г., установлено, что дело сфальсифицировано. Посмертно реабилитирован и восстановлен в партии.

Тщательной проверкой, произведенной в 1955 году, установлено, что дело по обвинению Рудзутака было сфальсифицировано и он был осужден на основании клеветнических материалов. Рудзутак посмертно реабилитирован.

Каким образом искусственно – провокационными методами – создавались бывшими работниками НКВД различные «антисоветские центры» и «блоки», видно из показаний т. Розенблюма[36], члена партии с 1906 года, подвергавшегося аресту Ленинградским управлением НКВД в 1937 году.

При проверке в 1955 году дела Комарова[37] Розенблюм сообщил следующий факт: когда он, Розенблюм, был арестован в 1937 году, то был подвергнут жестоким истязаниям, в процессе которых у него вымогали ложные показания как на него самого, так и на других лиц. Затем его привели в кабинет Заковского[38], который предложил ему освобождение при условии, если он даст в суде ложные показания по фабриковавшемуся в 1937 году НКВД «делу о Ленинградском вредительском, шпионском, диверсионном, террористическом центре». (*Движение в зале.*) С неверо-ятным цинизмом раскрывал Заковский

36 Речь идет об Александре Моисеевиче Розенблюме (1887–1956). Член РСДРП с 1906 г. После революции председатель Туркестанского центрального совета профсоюзов, ответственный секретарь ЦК КП(б) Туркестана. Зам. нач. политотдела Октябрьской железной дороги. В октябре 1937 г. арестован. Осужден. Дожил до реабилитации, освобожден. Умер в августе 1956 г.

37 Николай Павлович Комаров (при рождении Федор Евгеньевич Собинов) (1886–1937), член партии с 1909 г. В 1917 г. член Петроградского комитета РСДРП(б). С 1931 г. нарком коммунального хозяйства РСФСР. 11 июня 1937 г. арестован; 25 июня исключен из состава ЦК и самой партии. Внесен в так называемые «сталинские списки» лиц, подлежащих суду; списки завизированы Молотовым, Кагановичем и Ворошиловым, утверждены Сталиным. Приговорен к высшей мере наказания. В марте 1956 г. реабилитирован и восстановлен в партии.

38 Леонид Михайлович Заковский (настоящее имя – Генрих Эрнстович Штубис) (1894–1938), российский революционер латышского происхождения, участник проведения «Большого террора». Руководящий сотрудник советских органов госбезопасности, нарком внутренних дел Белорусской ССР, начальник УНКВД Ленинградской и Московской областей, входил в состав особой «тройки» УНКВД СССР. Расстрелян в 1938 г. Признан неподлежащим реабилитации.

подлую «механику» искусственного создания липовых «антисоветских заговоров».

«Для наглядности, – заявил Розенблюм, – Заковский развернул передо мной несколько вариантов предполагаемых схем этого центра и его ответвлений...

Ознакомив меня с этими схемами, Заковский сказал, что НКВД готовит дело об этом центре, причем процесс будет открытый.

Будет предана суду головка центра, 4–5 человек: Чудов[39], Угаров[40], Смородин[41], Позерн[42], Шапошникова[43] (это жена Чудова) и др. и от каждого филиала по 2–3 чел...

...Дело о Ленинградском центре должно быть поставлено солидно. А здесь решающее значение имеют свидетели. Тут

---

39 Михаил Семенович Чудов (1893–1937), член партии с 1913 г. В 1928–1936 гг. второй секретарь Ленинградского обкома партии. Репрессирован, расстрелян. Также была репрессирована и расстреляна и жена Чудова – Людмила Кузьминична Шапошникова. Реабилитированы посмертно.

40 Александр Иванович Угаров (1900–1939), член партии с 1918 г. В 1934–1938 гг. секретарь Ленинградского горкома ВКП(б), с 1938 г. первый секретарь МК и МГК ВКП(б). Кандидат в члены ЦК ВКП(б). В 1938 г. арестован по обвинению в участии в контрреволюционной террористической организации и измене Родине. Допросы вели Берия и Кобулов. В феврале 1939 г. приговорен к смертной казни. Расстрелян. Реабилитирован в феврале 1956 г. и восстановлен в партии.

41 Петр Иванович Смородин (1897–1939), член партии с 1917 г. В 1921–1924 гг. первый секретарь ЦК РКСМ. Затем на партийной работе в Ленинграде. С 1937 г. секретарь Сталинградского обкома ВКП(б). Решением ЦК ВКП (б) в июне 1938 г. освобожден от должности 1-го секретаря обкома, а 28 августа как враг народа исключен из членов ВКП(б). Арестован, а затем приговорен к смертной казни, расстрелян. Реабилитирован 1 декабря 1954 г., в партийном порядке – в марте 1956 г.

42 Борис Павлович Позерн (1882–1939), член партии с 1902 г. В 1937–1938 гг. прокурор Ленинградской области. С 1930 г. кандидат в члены ЦК ВКП(б). Входил в состав особой «тройки» НКВД СССР. В июле 1938 г. был сам арестован как «враг народа», предан суду и приговорен к расстрелу. Приговор приведен в исполнение в феврале 1939 г. В 1957 г. реабилитирован.

43 Людмила Кузьминична Шапошникова (1895–1942), член партии с 1917 г. С 1934 г. член бюро Ленинградского горкома партии. Арестована в июле 1937 г. в связи с арестом мужа – М. С. Чудова. Приговорена к восьми годам ИТЛ. В декабре 1938 г. арестована, под следствием в Москве. Приговорена в апреле 1942 г. к высшей мере наказания. Расстреляна. Реабилитирована в ноябре 1956 г.

играет немаловажную роль и общественное положение (в прошлом, конечно), и партийный стаж свидетеля.

Самому тебе, – говорил Заковский, – ничего не придется выдумывать. НКВД составит для тебя готовый конспект по каждому филиалу в отдельности, твое дело его заучить, хорошо запомнить все вопросы и ответы, которые могут задавать на суде. Дело это будет готовиться 4–5 месяцев, а то и полгода. Все это время будешь готовиться, чтобы не подвести следствие и себя. От хода и исхода суда будет зависеть дальнейшая твоя участь. Сдрейфишь и начнешь фальшивить – пеняй на себя. Выдержишь – сохранишь кочан (голову), кормить и одевать будем до смерти на казенный счет».

Вот какие подлые дела творились в то время! (*Движение в зале.*)

Еще более широко практиковалась фальсификация следственных дел в областях. Управление НКВД по Свердловской области «вскрыло» так называемый «Уральский повстанческий штаб – орган блока правых, троцкистов, эсеров, церковников», – руководимый якобы секретарем Свердловского обкома партии и членом ЦК ВКП(б) Кабаковым[44], членом партии с 1914 года. По материалам следственных дел того времени получается, что почти во всех краях, областях и республиках существовали якобы широко разветвленные «право-троцкистские шпионско-террористические, диверсионно-вредительские организации и центры» и, как правило, эти «организации» и «центры» почему-то возглавлялись первыми секретарями обкомов, крайкомов или ЦК нацкомпартий. (*Движение в зале.*)

В результате этой чудовищной фальсификации подобных «дел», в результате того, что верили различным клеветническим «показаниям» и вынужденным оговорам себя и других, погибли многие тысячи честных, ни в чем не повинных коммунистов.

---

44 Иван Дмитриевич Кабаков (1891–1937), член партии с 1914 г. До 1934 г. первый секретарь Свердловского обкома партии. Член ЦК ВКП(б). Расстрелян в 1937 г., реабилитирован посмертно.

Таким же образом были сфабрикованы «дела» на видных партийных и государственных деятелей – Косиора[45], Чубаря[46], Постышева, Косарева[47] и других.

В те годы необоснованные репрессии проводились в массовых масштабах, в результате чего партия понесла большие потери в кадрах.

Сложилась порочная практика, когда в НКВД составлялись списки лиц, дела которых подлежали рассмотрению на Военной Коллегии, и им заранее определялась мера наказания. Эти списки направлялись Ежовым лично Сталину для санкционирования предлагаемых мер наказания. В 1937–1938 годах Сталину было направлено 383 таких списка на многие тысячи партийных, советских, комсомольских, военных и хозяйственных работников и была получена его санкция.

---

45 Станислав Викентьевич Косиор (1889–1939), член партии с 1907 г. Один из организаторов КП(б) Украины. С 1926 г. секретарь ЦК ВКП(б). С 1928 г. генеральный секретарь ЦК КП(б) Украины. С 1938 г. зампредседателя Совнаркома СССР, председатель Комиссии советского контроля. С 1927 г. кандидат, а с 1930 г. член Политбюро ЦК ВКП(б). Член ВЦИК, ЦИК СССР и его президиума. 3 мая 1938 года был лишен всех партийных постов и арестован. 26 февраля 1939 г. был приговорен к расстрелу. Приговор приведен в исполнение в тот же день. Его жена Елизавета Сергеевна также расстреляна. Их дочь Тамара покончила с собой после того, как была изнасилована на глазах у отца на его допросе. Также были репрессированы братья Косиора.

46 Влас Яковлевич Чубарь (1891–1939), член партии с 1907 г. В 1918–1923 гг. член Президиума ВСНХ. С 1920 г. зампредседателя, затем Председатель Совнаркома Украины. С 1934 г. зам. председателя Совнаркома и Совета Труда и Обороны СССР. С 1937 г. нарком финансов СССР. С 1926 г. кандидат, а с 1935 г. член Политбюро ЦК. Расстрелян в 1939 г. Реабилитирован в 1955 г. 13 января 2010 г. Апелляционный суд г. Киева постановил, что Чубарь является одним из организаторов голодомора на Украине.

47 Александр Васильевич Косарев (1903–1939), член партии с 1919 г. С 1927 г. секретарь, а с 1929 г. генеральный секретарь ЦК ВЛКСМ. С 1934 г. член ЦК и Оргбюро ЦК ВКП(б). На VII пленуме ЦК ВЛКСМ в ноябре 1938 г. снят с должности первого секретаря. Арестован, в аресте принимал личное участие Лаврентий Берия. В феврале 1939 г. расстрелян. В 1954 г. посмертно реабилитирован и восстановлен в партии.

Значительная часть этих дел сейчас пересматривается и большое количество их прекращается как необоснованные и фальсифицированные. Достаточно сказать, что с 1954 года по настоящее время Военной Коллегией Верховного суда уже реабилитировано 7679 человек, причем многие из них реабилитированы посмертно.

Массовые аресты партийных, советских, хозяйственных, военных работников нанесли огромный ущерб нашей стране, делу социалистического строительства.

Массовые репрессии отрицательно влияли на морально-политическое состояние партии, порождали неуверенность, способствовали распространению болезненной подозрительности, сеяли взаимное недоверие среди коммунистов. Активизировались всевозможные клеветники и карьеристы.

Известное оздоровление в партийные организации внесли решения январского Пленума ЦК ВКП(б) 1938 года[48] . Но широкие репрессии продолжались и в 1938 году.

И только потому, что наша партия обладает великой морально-политической силой, она сумела справиться с тяжелыми событиями 1937–1938 годов, пережить эти события, вырастить новые кадры. Но нет сомнения, что наше продвижение вперед к социализму и подготовка к обороне страны осуществлялись бы более успешно, если бы не огромные потери в кадрах, которые мы понесли в результате массовых, необоснованных и несправедливых репрессий в 1937–1938 годах.

Мы обвиняем Ежова в извращениях 1937 года, и правильно обвиняем. Но надо ответить на такие вопросы: разве мог Ежов сам, без ведома Сталина, арестовать, например, Косиора? Был ли обмен мнениями или решение Политбюро по этому вопросу? Нет, не было, как не было этого и в отношении других подобных

48 На Пленуме ЦК ВКП(б), состоявшемся 14 января 1938 г., по докладу Г. М. Маленкова было принято постановление «Об ошибках парторганизаций при исключении коммунистов из партии, о формально-бюрократическом отношении к апелляциям исключенных из ВКП(б) и о мерах по устранению этих недостатков».

дел. Разве мог Ежов решать такие важные вопросы, как вопрос о судьбе видных деятелей партии? Нет, было бы наивным считать это делом рук только Ежова. Ясно, что такие дела решал Сталин, без его указаний, без его санкции Ежов ничего не мог делать.

Мы сейчас разобрались и реабилитировали Косиора, Рудзутака, Постышева, Косарева и других. На каком же основании они были арестованы и осуждены? Изучение материалов показало, что никаких оснований к этому не было. Арестовывали их, как и многих других, без санкций прокурора. Да в тех условиях никакой санкции и не требовалось; какая еще может быть санкция, когда все разрешал Сталин. Он был главным прокурором в этих вопросах. Сталин давал не только разрешения, но и указания об арестах по своей инициативе. Об этом следует сказать, чтобы была полная ясность для делегатов съезда, чтобы вы могли дать правильную оценку и сделать соответствующие выводы.

Факты показывают, что многие злоупотребления были сделаны по указанию Сталина, не считаясь с какими-либо нормами партийной и советской законности. Сталин был человек очень мнительный, с болезненной подозрительностью, в чем мы убедились, работая вместе с ним. Он мог посмотреть на человека и сказать: «что-то у вас сегодня глаза бегают» или: «почему вы сегодня часто отворачиваетесь, не смотрите прямо в глаза». Болезненная подозрительность привела его к огульному недоверию, в том числе и по отношению к выдающимся деятелям партии, которых он знал много лет. Везде и всюду он видел «врагов», «двурушников», «шпионов».

Имея неограниченную власть, он допускал жестокий произвол, подавлял человека морально и физически. Создалась такая обстановка, при которой человек не мог проявить свою волю.

Когда Сталин говорил, что такого-то надо арестовать, то следовало принимать на веру, что это «враг народа». А банда Берия, хозяйничавшая в органах госбезопасности, из кожи лезла вон, чтобы доказать виновность арестованных лиц, правильность сфабрикованных ими материалов. А какие доказательства пускались в ход? Признания арестованных. И следователи добывали эти «признания». Но как можно получить от человека признание в преступлениях, которых он никогда не совершал? Только одним способом – применением физических методов воздействия, путем истязаний, лишения сознания, лишения рассудка, лишения человеческого достоинства. Так добывались мнимые «признания».

Когда волна массовых репрессий в 1939 году начала ослабевать, когда руководители местных партийных организаций начали ставить в вину работникам НКВД применение физического воздействия к арестованным, – Сталин направил 10 января 1939 года шифрованную телеграмму секретарям обкомов, крайкомов, ЦК нацкомпартий, наркомам внутренних дел, начальникам Управлений НКВД. В этой телеграмме говорилось:

«ЦК ВКП(б) разъясняет, что применение физического воздействия в практике НКВД было допущено с 1937 года с разрешения ЦК ВКП(б)... Известно, что все буржуазные разведки применяют физическое воздействие в отношении представителей социалистического пролетариата и притом применяют его в самых безобразных формах. Спрашивается, почему социалистическая разведка должна быть более гуманна в отношении заядлых агентов буржуазии, заклятых врагов рабочего класса и колхозников. ЦК ВКП(б) считает, что метод физического воздействия должен обязательно применяться и впредь, в виде исключения, в отношении явных и не разоружающихся врагов народа, как совершенно правильный и целесообразный метод».

Таким образом, самые грубые нарушения социалистической законности, пытки и истязания, приводившие, как это было показано выше, к оговорам и самооговорам невинных людей, были санкционированы Сталиным от имени ЦК ВКП(б).

Недавно, всего за несколько дней до настоящего съезда, мы вызвали на заседание Президиума ЦК и допросили следователя

Родоса[49], который в свое время вел следствие и допрашивал Косиора, Чубаря и Косарева. Это – никчемный человек, с куриным кругозором, в моральном отношении буквально выродок. И вот такой человек определял судьбу известных деятелей партии, определял и политику в этих вопросах, потому что, доказывая их «преступность», он тем самым давал материал для крупных политических выводов.

Спрашивается, разве мог такой человек сам, своим разумом повести следствие так, чтобы доказать виновность таких людей, как Косиор и другие. Нет, он не мог много сделать без соответствующих указаний. На заседании Президиума ЦК он нам так заявил: «Мне сказали, что Косиор и Чубарь являются врагами народа, поэтому я, как следователь, должен был вытащить из них признание, что они враги». (*Шум возмущения в зале.*)

Этого он мог добиться только путем длительных истязаний, что он и делал, получая подробный инструктаж от Берия. Следует сказать, что на заседании Президиума ЦК Родос цинично заявил: «Я считал, что выполняю поручение партии». Вот как выполнялось на практике указание Сталина о применении к заключенным методов физического воздействия.

Эти и многие подобные факты свидетельствуют о том, что всякие нормы правильного партийного решения вопросов были ликвидированы, все было подчинено произволу одного лица.

Единовластие Сталина привело к особо тяжким последствиям в ходе Великой Отечественной войны.

Если взять многие наши романы, кинофильмы и исторические «исследования», то в них совершенно неправдоподобно изображается вопрос о роли Сталина в Отечественной войне.

49 Борис Вениаминович Родос (1905–1956), бывший зам. нач. следственной части по особо важным делам НКВД – НКГБ СССР, полковник. Лично принимал участие в фальсификации следственных дел. В 1956 г. приговорен к расстрелу военной коллегией Верховного суда СССР. Находясь в Бутырской тюрьме, Родос написал ходатайство о помиловании, в котором утверждал, что был «слепым орудием в руках Берии и его сообщников». Президиум Верховного Совета СССР отклонил ходатайство, и Б. В. Родос был расстрелян.

Обычно рисуется такая схема. Сталин все и вся предвидел. Советская Армия чуть ли не по заранее начертанным Сталиным стратегическим планам проводила тактику так называемой «активной обороны», то есть ту тактику, которая, как известно, допустила немцев до Москвы и Сталинграда. Применив такую тактику, Советская Армия только-де благодаря гению Сталина перешла в наступление и разгромила врага. Всемирно-историческая победа, одержанная Вооруженными Силами Советской страны, нашим героическим народом, приписывается в такого рода романах, кинофильмах и «исследованиях» всецело полководческому гению Сталина.

Надо внимательно разобраться в этом вопросе, так как это имеет огромное, не только историческое, но прежде всего политическое, воспитательное, практическое значение.

Каковы факты в этом вопросе?

До войны в нашей печати и во всей воспитательной работе преобладал хвастливый тон: если враг нападет на священную советскую землю, то мы ответим на удар врага тройным ударом, войну будем вести на территории противника и выиграем ее малой кровью. Однако эти декларативные заявления далеко не во всем подкреплялись практическими делами, чтобы обеспечить действительную неприступность наших границ.

В ходе войны и после нее Сталин выдвинул такой тезис, что трагедия, которую пережил наш народ в начальный период войны, является якобы результатом «внезапности» нападения немцев на Советский Союз. Но ведь это, товарищи, совершенно не соответствует действительности. Как только Гитлер пришел к власти в Германии, он сразу же поставил перед собой задачу разгромить коммунизм. Об этом фашисты говорили прямо, не скрывая своих планов. Для осуществления этих агрессивных планов заключались всевозможные пакты, блоки, оси, вроде пресловутой оси Берлин – Рим – Токио. Многочисленные факты предвоенного периода красноречиво доказывали, что Гитлер направляет все свои усилия для того, чтобы развязать войну против Советского государства, и сконцентрировал большие войсковые соединения, в том числе танковые, поблизости от советских границ.

Из опубликованных теперь документов видно, что еще 3 апреля 1941 года Черчилль через английского посла в СССР Криппса[50] сделал личное предупреждение Сталину о том, что германские войска начали совершать передислокацию, подготавливая нападение на Советский Союз. Само собой разумеется, что Черчилль делал это отнюдь не из-за добрых чувств к советскому народу. Он преследовал здесь свои империалистические интересы – стравить Германию и СССР в кровопролитной войне и укрепить позиции Британской империи. Тем не менее Черчилль указывал в своем послании, что он просит «предостеречь Сталина с тем, чтобы обратить его внимание на угрожающую ему опасность». Черчилль настойчиво подчеркивал это и в телеграммах от 18 апреля и в последующие дни. Однако эти предостережения Сталиным не принимались во внимание. Больше того, от Сталина шли указания не доверять информации подобного рода с тем, чтобы-де не спровоцировать начало военных действий.

---

50 Ричард Стаффорд Криппс (1889–1952), британский лейбористский политик. В 1939 г. был исключен из рядов лейбористов за свои требования создать антифашистский народный фронт, объединяющий всех, кто выступал против политики умиротворения гитлеровской Германии; восстановлен в партии только в 1945 г. После того как Черчилль сформировал коалиционное правительство военного времени в 1940 г., он назначил Криппса послом в СССР. В апреле 1941 г. Черчилль передал через Криппса личное послание Сталину с информацией британской разведки о планах нападения Гитлера на СССР, однако реакции на это письмо не последовало. После начала вторжения Германии в СССР Криппс стал ключевой фигурой в сотрудничестве между западными державами и Советским Союзом. В 1942 г. Криппс вернулся в Великобританию и сделал серию радиопередач о советских военных усилиях. Народный отклик был феноменальным, и, несмотря на отсутствие партийной поддержки, Криппс быстро стал одним из самых популярных политиков в стране.

Следует сказать, что такого рода информация о нависающей угрозе вторжения немецких войск на территорию Советского Союза шла и от наших армейских и дипломатических источников, но в силу сложившегося предвзятого отношения к такого рода информации в руководстве она каждый раз направлялась с опаской и обставлялась оговорками.

Так, например, в донесении из Берлина от 6 мая 1941 года военно-морской атташе в Берлине капитан 1-го ранга Воронцов[51] доносил: «Советский подданный Бозер... сообщил помощнику нашего морского атташе, что, со слов одного германского офицера из ставки Гитлера, немцы готовят к 14 мая вторжение в СССР через Финляндию, Прибалтику и Латвию. Одновременно намечены мощные налеты авиации на Москву и Ленинград и высадка парашютных десантов в приграничных центрах...».

В своем донесении от 22 мая 1941 года помощник военного атташе в Берлине Хлопов докладывал, что «...наступление немецких войск назначено якобы на 15.VI, а возможно, начнется и в первых числах июня...».

В телеграмме нашего посольства из Лондона от 18 июня 1941 года докладывалось: «Что касается текущего момента, то Криппс твердо убежден в неизбежности военного столкновения Германии и СССР, – и притом не позже середины июня. По словам Криппса, на сегодня немцы сконцентрировали на советских границах (включая воздушные силы и вспомогательные силы частей) 147 дивизий...».

Несмотря на все эти чрезвычайно важные сигналы, не были приняты достаточные меры, чтобы хорошо подготовить страну к обороне и исключить момент внезапности нападения.

---

51 Михаил Александрович Воронцов (1900–1986), советский разведчик, вице-адмирал. В сентябре 1939 – августе 1941 года (по документам, фактически по июнь 1941 года) военно-морской атташе при полпредстве СССР в нацистской Германии. 21 июня 1941 года вернулся в СССР, привез донесения о нападении Германии на СССР, которые в виде шести копий были переданы И. В. Сталину.

Были ли у нас время и возможности для такой подготовки? Да, и время, и возможности были. Наша промышленность находилась на таком уровне развития, что она была в состоянии полностью обеспечить Советскую Армию всем необходимым. Это подтверждается хотя бы тем, что, когда в ходе войны была потеряна почти половина всей нашей промышленности в результате занятия врагом Украины, Северного Кавказа, западных районов страны, важных промышленных и хлебных районов, советский народ сумел организовать производство военных материалов в восточных районах страны, пустить там в ход вывезенное из западных промышленных районов оборудование и обеспечить наши Вооруженные Силы всем необходимым для разгрома врага.

Если бы наша промышленность была вовремя и по-настоящему мобилизована для обеспечения армии вооружением и необходимым снаряжением, то мы понесли бы неизмеримо меньше жертв в этой тяжелой войне. Однако такой мобилизации своевременно проведено не было. И с первых же дней войны обнаружилось, что наша армия вооружена плохо, что мы не имели достаточного количества артиллерии, танков и самолетов для отпора врагу.

Советская наука и техника дали перед войной великолепные образцы танков и артиллерии. Но массовое производство всего этого не было налажено, и мы начали перевооружение армии по существу в самый канун войны. В результате этого в момент нападения врага на советскую землю у нас не оказалось в нужных количествах ни старой техники, которую мы снимали с вооружения, ни новой техники, которую собирались вводить. Очень плохо было с зенитной артиллерией, не налажено было производство бронебойных снарядов для борьбы с танками. Многие укрепленные районы оказались к моменту нападения беспомощными, так как старое вооружение с них было снято, а новое еще не введено.

Да дело, к сожалению, не только в танках, артиллерии и самолетах. К моменту войны мы не имели даже достаточного количества винтовок для вооружения людей, призываемых в действующую армию. Помню, как в те дни я позвонил из Киева тов. Маленкову[52] и сказал ему:

– Народ пришел в армию и требует оружие. Пришлите нам оружие.

На это мне Маленков ответил:

– Оружие прислать не можем. Все винтовки передаем в Ленинград, а вы вооружайтесь сами. (*Движение в зале.*)

Так обстояло дело с вооружением.

Нельзя не вспомнить в этой связи и такой, например, факт. Незадолго до нападения гитлеровских армий на Советский Союз Кирпонос[53], будучи командующим Киевского Особого военного округа (он впоследствии погиб на фронте), написал Сталину, что немецкие армии подошли к Бугу, усиленно подготовляют все к наступлению и в ближайшее время, видимо, перейдут в наступление. Учитывая все это, Кирпонос предлагал создать надежную оборону, вывести тысяч 300 населения из пограничных районов и создать там несколько мощных укрепленных полос: вырыть противотанковые рвы, создать укрытия для бойцов и так далее.

---

52 Георгий Максимилианович Маленков (1902–1988), состоял в партии с 1920 г. В 1939–1946 гг. и в 1948–1953 гг. секретарь ЦК ВКП(б) (КПСС). В 1953–1955 гг. Председатель Совета Министров СССР. В 1955–1957 гг. зампредседателя Совета Министров СССР, министр электростанций СССР. С 1957 г. директор Усть-Каменогорской электростанции. В 1941–1946 гг. кандидат в члены Политбюро, в 1946–1952 гг. член Политбюро ЦК. В 1952–1957 гг. член Президиума ЦК КПСС. Соратник Сталина. Фактический руководитель СССР в марте 1953 – феврале 1955 г. В 1957 г. за антипартийную деятельность выведен из состава ЦК КПСС. В 1961 г. исключен из партии.

53 Михаил Петрович Кирпонос (1891–1941). Принимал участие в советско-финляндской войне, в должности командира дивизии внес большой вклад в успешный штурм Выборга, за что ему присвоено звание Героя Советского Союза. 14 января 1941 г. назначен на должность командующего Киевским особым военным округом, который с началом Великой Отечественной войны был преобразован в Юго-Западный фронт, а генерал-полковник Кирпонос назначен на должность командующего фронтом. В сентябре 1941 г. Кирпонос погиб в бою. Его останки в декабре 1943 г. были с воинскими почестями захоронены в Киеве в Ботаническом саду. В 1957 г. прах военачальника был перенесен в создаваемый Парк Вечной Славы.

На эти предложения из Москвы был дан такой ответ, что это провокация, что никаких подготовительных работ на границе делать не следует, что не нужно давать немцам повода открыть против нас военные действия. И наши границы не были по-настоящему подготовлены для отпора врагу.

Когда фашистские войска уже вторглись на советскую землю и начали военные действия, из Москвы последовал приказ – на выстрелы не отвечать. Почему? Да потому, что Сталин вопреки очевидным фактам считал, что это еще не война, а провокация отдельных недисциплинированных частей немецкой армии, и что если мы ответим немцам, то это послужит поводом для начала войны.

Известен и такой факт. Накануне самого вторжения гитлеровских армий на территорию Советского Союза нашу границу перебежал немец и сообщил, что немецкие войска получили приказ – 22 июня, в 3 часа ночи, начать наступление против Советского Союза. Об этом немедленно было сообщено Сталину, но и этот сигнал остался без внимания.

Как видите, игнорировалось все: и предупреждения отдельных военачальников, и показания перебежчиков, и даже явные действия врага. Какая же это прозорливость руководителя партии и страны в такой ответственный момент истории? А к чему привела такая беспечность, такое игнорирование очевидных фактов? Это привело к тому, что в первые же часы и дни противник истребил в наших пограничных районах огромное количество авиации, артиллерии, другой военной техники, уничтожил большое количество наших военных кадров, дезорганизовал управление войсками и мы оказались не в состоянии преградить ему путь вглубь страны. Весьма тяжкие последствия, особенно для начального периода войны, имело также то обстоятельство, что на протяжении 1937–1941 годов в результате подозрительности Сталина, по клеветническим обвинениям истреблены были многочисленные кадры армейских командиров и политработников. На протяжении этих лет репрессировано было несколько слоев командных кадров, начиная буквально от роты и батальона и до высших армейских центров, в том числе почти полностью были уничтожены те командные кадры, которые получили какой-то опыт ведения войны в Испании и на Дальнем Востоке. Политика широких репрессий против армейских кадров имела еще и те тяжкие последствия, что она подрывала основу воинской дисциплины, так как на протяжении нескольких лет командиров всех степеней и даже солдат в партийных и комсомольских ячейках приучали к тому, чтобы «разоблачать» своих старших командиров, как замаскировавшихся врагов. (*Движение в зале.*)

Естественно, что это отрицательно сказалось в первый период войны на состоянии воинской дисциплины. А ведь до войны у нас были превосходные военные кадры, беспредельно преданные партии и Родине. Достаточно сказать, что те из них, кто сохранился, я имею в виду таких товарищей, как Рокоссовский[54] (а он сидел), Горбатов,[55]

54 Константин Константинович Рокоссовский (1896–1968), член партии с 1919 г. Маршал Советского Союза (1944 г.). В годы Великой Отечественной войны командовал рядом фронтов. После войны главнокомандующий Северной группой войск. С 1949 г. министр национальной обороны и зампредседателя Совета Министров ПНР, Маршал Польши (единственный в истории СССР маршал двух стран: Советского Союза и Польши). Командовал Парадом Победы 24 июня 1945 г. на Красной площади. 27 июня 1937 г. был исключен из ВКП(б) «за потерю классовой бдительности». В августе 1937 г. был арестован по обвинению в связях с польской и японской разведками, став жертвой ложных показаний. 22 марта 1940 г. Рокоссовский был освобожден в связи с прекращением дела при ходатайстве С. К. Тимошенко, С. М. Буденного и Г. К. Жукова к Сталину и реабилитирован.

55 Александр Васильевич Горбатов (1891–1973), советский военачальник, генерал армии, командующий 3-й армией (1943–1945), командующий ВДВ (1950–1954). Герой Советского Союза. В сентябре 1937 г. отстранен от должности «за связь с врагами народа и исключен из ВКП(б). В марте 1938 г. был восстановлен в партии и назначен заместителем командира корпуса, но в октябре 1938 г. уволен в запас и арестован. Во время следствия подвергался пыткам, но виновным себя не признал. Был осужден в мае 1939 г. за контрреволюционную деятельность к 15 годам лишения свободы и пяти годам поражения в правах. Наказание отбывал на Колыме. Освобожден после пересмотра дела в марте 1941 г. В июне 1945 г. назначен на должность коменданта Берлина, затем занимал высокие должности в системе Министерства обороны СССР.

Мерецков[56] (он присутствует на съезде), Подлас[57] (а это замечательный командир, он погиб на фронте) и многие, многие другие, несмотря на тяжелые муки, которые они перенесли в тюрьмах, с первых же дней войны показали себя настоящими патриотами и беззаветно дрались во славу Родины. Но ведь многие из таких командиров погибли в лагерях и тюрьмах, и армия их не увидала. Все это, вместе взятое, и привело к тому положению, которое создалось в начале войны для нашей страны и которое угрожало величайшей опасностью для судеб нашей Родины.

Было бы неправильным не сказать о том, что после первых тяжелых неудач и поражений на фронтах Сталин считал, что на-

---

56 Кирилл Афанасьевич Мерецков (1897–1968), член партии с 1917 г. Маршал Советского Союза. Герой Советского Союза, кавалер ордена «Победа» и семи орденов Ленина. С 1937 г. зам. начальника Генштаба, с сентября 1938 г. командовал войсками Приволжского, затем Ленинградского военных округов. С 1940 г. начальник Генштаба, с 1941 г. замнаркома обороны СССР. В Великую Отечественную войну командовал армиями, рядом фронтов. Был репрессирован. На второй день войны отозван в Москву и арестован на основании ложных показаний. Подвергался физическим методам воздействия. Признал себя виновным, поскольку, по рассказам самого маршала, сестра Ольги Берггольц Мария Берггольц опубликовала записи своих бесед с бывшими сослуживцами маршала, над ним издевались, «дубасили», а в случае дачи показаний обещали не трогать семью. Осужденный в 1956 г. бывший следователь Лев Шварцман подтвердил, что лично избивал Мерецкова на допросах. 28 августа Мерецков из заключения написал письмо Сталину с просьбой направить его на фронт, 6 сентября освобожден, судя по всему, по распоряжению Сталина, хотя документальных подтверждений не найдено – скорее всего, приказ был устным. Следственное дело в отношении Мерецкова уничтожено 25 января 1955 г. на основании указания ЦК КПСС и распоряжения председателя КГБ И. А. Серова.

57 Кузьма Петрович Подлас (1893–1942), член партии с 1918 г. Генерал-лейтенант (1941 г.). Участник 1-й мировой, гражданской войн. Был незаконно репрессирован. Арестован в декабре 1938 г. В апреле 1939 г. был лишен военного звания «комдив» и подвергнут лишению свободы сроком на пять лет с поражением в политических правах на три года. Постановлением Президиума Верховного Совета СССР от 25 июля 1940 г. от наказания был освобожден со снятием судимости. В Великую Отечественную войну командовал армиями. Погиб в бою – застрелился, чтобы не попасть в плен.

ступил конец. В одной из бесед в эти дни он заявил: «То, что создал Ленин, все это мы безвозвратно растеряли». После этого он долгое время фактически не руководил военными операциями и вообще не приступал к делам и вернулся к руководству только тогда, когда к нему пришли некоторые члены Политбюро и сказали, что нужно безотлагательно принимать такие-то меры для того, чтобы поправить положение дел на фронте. Таким образом, грозная опасность, которая нависла над нашей Родиной в первый период войны, явилась во многом результатом порочных методов руководства страной и партией со стороны самого Сталина.

Но дело не только в самом моменте начала войны, который серьезно дезорганизовал нашу армию и причинил нам тяжкий урон. Уже после начала войны та нервозность и истеричность, которую проявлял Сталин при своем вмешательстве в ход военных операций, наносили нашей армии серьезный ущерб. Сталин был очень далек от понимания той реальной обстановки, которая складывалась на фронтах. И это естественно, так как за всю Отечественную войну он не был ни на одном участке фронта, ни в одном из освобожденных городов, если не считать молниеносного выезда на Можайское шоссе при стабильном состоянии фронта, о чем написано столько литературных произведений со всякого рода вымыслами и столько красочных полотен.

Вместе с тем Сталин непосредственно вмешивался в ход операций и отдавал приказы, которые нередко не учитывали реальной обстановки на данном участке фронта и которые не могли не вести к колоссальным потерям человеческих жизней. Я позволю себе привести в этой связи один характерный факт, показывающий, как Сталин руководил фронтами. Здесь на съезде присутствует маршал Баграмян[58], который в свое время был

---

58 Иван Христофорович Баграмян (1897–1982), член партии с 1941 г. Маршал Советского Союза (1955 г.). В Великую Отечественную войну командовал рядом фронтов. После войны – командующий войсками Прибалтийского

начальником оперативного отдела штаба Юго-Западного фронта и который может подтвердить то, что я расскажу вам сейчас.

Когда в 1942 году в районе Харькова для наших войск сложились исключительно тяжелые условия, нами было принято правильное решение о прекращении операции по окружению Харькова, так как в реальной обстановке того времени дальнейшее выполнение операции такого рода грозило для наших войск роковыми последствиями. Мы доложили об этом Сталину, заявив, что обстановка требует изменить план действий, чтобы не дать врагу уничтожить крупные группировки наших войск. Вопреки здравому смыслу Сталин отклонил наше предложение и приказал продолжать выполнять операцию по окружению Харькова, хотя к этому времени над нашими многочисленными военными группировками уже нависла вполне реальная угроза окружения и уничтожения. Я звоню Василевскому[59] и умоляю его: «Возьмите, – говорю, – карту, Александр Михайлович (т. Василевский здесь присутствует), покажите товарищу Сталину, какая сложилась обстановка». А надо сказать, что Сталин операции планировал по глобусу. (*Оживление в зале.*) Да, товарищи, возьмет глобус и показывает на нем линию фронта. Так вот я и говорю т. Василевскому, покажите на карте обстановку, ведь нельзя при этих условиях продолжать намеченную ранее операцию. Для пользы дела надо изменить старое решение. Василевский мне на это ответил, что Сталин рассмотрел уже этот вопрос и что он, Василевский, больше не пойдет Сталину

военного округа, зам. министра обороны СССР. Член ЦК КПСС в 1961–1982 гг. Во время Карибского кризиса возглавлял разработку плана по доставке и размещению советской группы войск на Кубе и руководил операцией со стороны СССР.

59 Александр Михайлович Василевский (1895–1977), член партии с 1938 г. Маршал Советского Союза (1943 г.). Участник 1-й мировой и гражданской войн. С августа 1941 г. зам. нач., нач. Генштаба и зам. наркома обороны СССР. С февраля 1945 г. командовал 3-м Белорусским фронтом, с июля 1945 г. главнокомандующий советскими войсками на Дальнем Востоке. После войны нач. Генштаба, зам., первый зам. министра, министр Вооруженных Сил, первый зам. министра обороны СССР. Член ЦК КПСС в 1952–1961 гг.

докладывать, так как тот не хочет слушать никаких его доводов по этой операции.

После разговора с Василевским я позвонил Сталину на дачу. Но Сталин не подошел к телефону, а взял трубку Маленков. Я говорю тов. Маленкову, что звоню с фронта и хочу лично переговорить с тов. Сталиным. Сталин передает через Маленкова, чтобы я говорил с Маленковым. Я вторично заявляю, что хочу лично доложить Сталину о тяжелом положении, создавшемся у нас на фронте. Но Сталин не счел нужным взять трубку, а еще раз подтвердил, чтобы я говорил с ним через Маленкова, хотя до телефона пройти несколько шагов. «Выслушав» таким образом нашу просьбу, Сталин изрек:

– Оставить все по-прежнему!

Что же из этого получилось? А получилось самое худшее из того, что мы предполагали. Немцам удалось окружить наши воинские группировки, в результате чего мы потеряли сотни тысяч наших войск. Вот вам военный «гений» Сталина, вот чего он нам стоил. (*Движение в зале.*)

Однажды после войны при встрече Сталина с членами Политбюро Анастас Иванович Микоян[60] как-то сказал, что вот, мол, Хрущев тогда был прав, когда звонил по поводу Харьковской операции, что напрасно его тогда не поддержали. Надо было видеть, как рассердился Сталин! Как это так признать, что он, Сталин, был тогда не прав! Ведь он «гений», а гений не

---

60 Анастас Иванович Микоян (1895–1978), член партии с 1915 г. В 1920–1926 гг. секретарь Нижегородского губкома партии, Юго-Восточного бюро ЦК РКП(б), Северо-Кавказского крайкома партии. В 1926–1946 гг. нарком внешней и внутренней торговли и ряда других наркоматов. С 1937 г. зам. Председателя Совнаркома СССР. В 1941–1946 гг. член Бюро Совнаркома СССР. В 1942–1945 гг. член Государственного Комитета Обороны. В 1946–1964 гг. зам., первый зам. Председателя Совета Министров СССР. В 1964–1965 гг. Председатель Президиума Верховного Совета СССР. В 1965–1974 гг. член Президиума Верховного Совета СССР. Член ЦК партии в 1923–1976 гг. С 1926 г. кандидат, а в 1935–1966 гг. член Политбюро (Президиума) ЦК партии. Один из наиболее влиятельных советских политиков. Начал свою карьеру при жизни Ленина и ушел в отставку лишь при Брежневе.

может быть неправым. Все кто угодно могут ошибаться, а Сталин считал, что он никогда не ошибается, что он всегда прав. И он никому и никогда не признавался ни в одной большой или малой своей ошибке, хотя он совершал немало ошибок и в теоретических вопросах, и в своей практической деятельности. После съезда партии нам, видимо, необходимо будет пересмотреть оценку многих военных операций и дать им правильное объяснение.

Большой крови стоила нам и та тактика, на которой настаивал Сталин, не зная природы ведения боевых операций, после того, как удалось остановить противника и перейти в наступление. Военные знают, что уже с конца 1941 года вместо ведения крупных маневренных операций с обходами противника с флангов, с заходами в его тылы Сталин требовал непрерывных лобовых атак с тем, чтобы брать село за селом. И мы несли на этом огромные потери до тех пор, пока нашему генералитету, который выносил на своих плечах всю тяжесть ведения войны, не удалось изменить положение дел и перейти к ведению гибких маневренных операций, что сразу дало серьезное изменение положения на фронтах в нашу пользу.

Тем более позорным и недостойным явился факт, когда после нашей великой победы над врагом, давшейся нам очень тяжелой ценой, Сталин начал громить многих из тех полководцев, которые внесли свой немалый вклад в дело победы над врагом, так как Сталин исключал всякую возможность, чтобы заслуги, одержанные на фронтах, были приписаны кому бы то ни было, кроме его самого. Сталин проявлял большой интерес к оценке тов. Жукова[61] как военного полководца. Он не раз спрашивал

61 Георгий Константинович Жуков (1896–1974), член партии с 1919 г. Маршал Советского Союза (1943 г.). Участник Первой мировой и гражданской войн. В январе – июле 1941 г. нач. Генштаба – зам. наркома обороны СССР. С начала Великой Отечественной войны – член Ставки Верховного Главнокомандования, затем командующий Резервным и Ленинградским фронтами и главнокомандующий Западным направлением. Командовал Западным фронтом при обороне Москвы. С августа 1942 г. первый зам. наркома

мое мнение о Жукове, и я ему говорил: «Жукова знаю давно, он хороший генерал, хороший командующий».

После войны Сталин стал рассказывать о Жукове всякие небылицы, в частности, он говорил мне: «Вот вы хвалили Жукова, а ведь он этого не заслуживает. Говорят, что Жуков на фронте перед какой-либо операцией поступал так: возьмет горсть земли, понюхает ее и потом говорит: можно, мол, начинать наступление или, наоборот, нельзя, дескать, проводить намеченной операции». Я на это ответил тогда: «Не знаю, тов. Сталин, кто это выдумал, но это неправда». Видимо, сам Сталин выдумывал такие вещи, чтобы принизить роль и военные способности маршала Жукова. В этой связи сам Сталин очень усиленно популяризировал себя как великого полководца, всеми способами внедрял в сознание людей ту версию, что все победы, одержанные советским народом в Великой Отечественной войне, являются результатом мужества, доблести, гения Сталина и никого больше. Как Кузьма Крючков[62] – сразу на пику семь человек поднимал. (*Оживление в зале.*)

обороны и зам. Верховного Главнокомандующего. Координировал действия фронтов под Сталинградом, по прорыву блокады Ленинграда, в битвах под Курском и за Днепр. В 1944–1945 гг. командовал 1-м Украинским фронтом, координировал действия 1-го и 2-го Белорусского фронтов, командовал 1-м Белорусским фронтом. После войны занимал ряд высших государственных и командных постов. В 1955–1957 гг. министр обороны СССР. Кандидат в члены ЦК партии в 1941–1946 и 1952–1953 гг. Член ЦК КПСС в 1953–1957 гг. Кандидат в члены и член Президиума ЦК КПСС в 1956–1957 гг. 8 мая 1945 года в 22:43 (9 мая в 00:43 по московскому времени) в Карлсхорсте (Берлин) Жуков принял от генерал-фельдмаршала Вильгельма Кейтеля безоговорочную капитуляцию войск нацистской Германии. Участник ареста Лаврентия Берии в июне 1953 г.

62 Козьма Фирсович Крючков (1890–1919), донской казак. Первый кавалер Георгиевского креста в Первую мировую войну. 30 июля 1914 г. в составе казачьего разъезда из четырех человек атаковал взвод из 15 немецких конных егерей. В ходе атаки Крючков убил конного егеря, но был ранен. В августе 1914 г. снискал славу героя всей воюющей России. Российские печатные издания много писали о подвиге Крючкова, его портреты помещали на коробках конфет и спичек. В ноябре 1914 г. вышла грампластинка с песней «Казак Крючков», год спустя о Крючкове был снят художественный фильм. При описании подвига Крючкова количество убитых им немцев существенно возросло. Участник гражданской войны на стороне Белого движения. Убит в 1919 г. во время Вешенского восстания.

В самом деле, возьмите наши исторические и военные кинокартины или некоторые произведения литературы, которые читать тошно. Ведь все они предназначены для пропаганды именно этой версии для прославления Сталина как гениального полководца. Вспомним хотя бы картину «Падение Берлина». Там действует один Сталин: он дает указания в зале с пустыми стульями, и только один человек приходит к нему и что-то доносит, – это Поскребышев[63] , неизменный его оруженосец. (*Смех в зале.*) А где же военное руководство? Где же Политбюро? Где Правительство? Что они делают и чем занимаются? Этого в картине нет. Сталин один действует за всех, не считаясь и не советуясь ни с кем. В таком извращенном виде все это показано народу. Для чего? Для того, чтобы возвеличить Сталина, и все это – вопреки фактам, вопреки исторической правде. Спрашивается, а где же наши военные, которые на своих плечах вынесли всю тяжесть войны? Их в фильме нет, для них после Сталина не осталось никакого места. Не Сталин, а партия в целом, Советское правительство, наша героическая армия, ее талантливые полководцы и доблестные воины, весь советский народ – вот кто обеспечил победу в Великой Отечественной войне. (*Бурные, продолжительные аплодисменты.*) Члены ЦК партии, министры, наши хозяйственники, деятели советской культуры, руководители местных партийных и советских организаций,

---

63 Александр Николаевич Поскребышев (1891–1965), член партии с 1917 г. С 1922 г. работал в ЦК партии инструктором по учету, зам. управляющего делами, помощником секретаря ЦК. В 1928–1953 гг. зав. особым сектором Секретариата ЦК (секретариат Сталина), секретным отделом и особым сектором ЦК партии. Личный помощник Иосифа Сталина (более 20 лет). В 1952–1954 гг. секретарь Президиума и Бюро Президиума ЦК КПСС. В 1939–1954 гг. член ЦК партии. Был одной из излюбленных жертв Сталина. По заявлению дочери Сталина, Светланы, Поскребышев сам был вынужден представить на подпись Сталину ордер на арест своей жены. До 1953 г. продолжал работать со Сталиным. В течение 25 лет ему докладывалась и им отфильтровывалась практически вся информация, предназначенная для передачи Сталину, а наиболее важную информацию он докладывал сразу на заседании Политбюро (Президиума) ВКП(б) (КПСС).

инженеры и техники – каждый находился на своем посту и самоотверженно отдавал свои силы и знания для обеспечения победы над врагом.

Исключительный героизм проявил наш тыл – славный рабочий класс, наше колхозное крестьянство, советская интеллигенция, которые под руководством партийных организаций, преодолевая неимоверные трудности и лишения военного времени, отдавали все свои силы делу защиты Родины. Величайший подвиг совершили в войне наши советские женщины, которые вынесли на своих плечах огромную тяжесть производственной работы на фабриках и в колхозах, на различных участках хозяйства и культуры, многие женщины принимали непосредственное участие на фронтах Великой Отечественной войны, наша мужественная молодежь, которая на всех участках фронта и тыла внесла свой неоценимый вклад в дело защиты Советской Отчизны, в дело разгрома врага. Бессмертны заслуги советских воинов, наших военных командиров и политработников всех степеней, которые в первые же месяцы войны, лишившись значительной части армии, не растерялись, а сумели перестроиться на ходу, создать и закалить в ходе войны могучую и героическую армию и не только отразить натиск сильного и коварного врага, но и разгромить его. Величайший подвиг советского народа в Великой Отечественной войне, спасшего сотни миллионов людей Востока и Запада от нависшей над ними угрозы фашистского порабощения, будет жить в памяти благодарного человечества века и тысячелетия. (*Бурные аплодисменты.*) Главная роль и главная заслуга в победоносном завершении войны принадлежит нашей Коммунистической партии, Вооруженным Силам Советского Союза, миллионам и миллионам советских людей, воспитанных партией. (*Бурные, продолжительные аплодисменты.*)

Товарищи! Обратимся к некоторым другим фактам. Советский Союз по праву считается образцом многонационального государства, ибо у нас на деле обеспечены равноправие и дружба всех народов, населяющих нашу великую Родину. Тем более вопиющими являются действия, инициатором которых был Сталин и которые представляют собой грубое попрание основных ленинских принципов национальной политики Советского государства. Речь идет о массовом выселении со своих родных мест целых народов, в том числе всех коммунистов и комсомольцев без каких бы то ни было исключений. Причем такого рода выселение никак не диктовалось военными соображениями. Так, уже в конце 1943 года, когда на фронтах Великой Отечественной войны определился прочный перелом в ходе войны в пользу Советского Союза, принято было и осуществлено решение о выселении с занимаемой территории всех карачаевцев. В этот же период, в конце декабря 1943 года, точно такая же участь постигла все население Калмыцкой автономной республики. В марте 1944 года выселены были со своих родных мест все чеченцы и ингуши, а Чечено-Ингушская автономная республика ликвидирована. В апреле 1944 года с территории Кабардино-Балкарской автономной республики выселены были в отдаленные места все балкарцы, а сама республика переименована в Кабардинскую автономную республику. Украинцы избежали этой участи потому, что их слишком много и некуда было выслать. А то он бы и их выселил. (*Смех, оживление в зале.*)

В сознании не только марксиста-ленинца, но и всякого здравомыслящего человека не укладывается такое положение – как можно возлагать ответственность за враждебные действия отдельных лиц или групп на целые народы, включая женщин, детей, стариков, коммунистов и комсомольцев, и подвергать их массовым репрессиям, лишениям и страданиям. После окончания Отечественной войны советский народ с гордостью отмечал славные победы, достигнутые ценой больших жертв и неимоверных усилий. Страна переживала политический подъем. Партия вышла из войны еще более сплоченной, в огне войны закалились кадры партии. В этих условиях ни у кого даже мысль не могла возникнуть о возможности какого-либо заговора в партии. И вот в этот период вдруг возникает так называемое «ленинградское дело»[64]. Как теперь уже доказано, это дело было сфальсифицировано. Невинно погибли тт. Вознесенский, Кузнецов, Родионов, Попков и другие. Известно, что Вознесенский и Кузнецов были видные и способные работники. В свое время они были близки к Сталину. Достаточно сказать, что Сталин выдвинул Вознесенского первым заместителем Председателя Совета Министров, а Кузнецов был избран секретарем Центрального Комитета. Уже одно то, что Сталин поручил Кузнецову наблюдение за органами госбезопасности, говорит о том, каким доверием он пользовался. Как же случилось, что эти люди были объявлены врагами народа и уничтожены?

Факты показывают, что и «ленинградское дело» – это результат произвола, который допускал Сталин по отношению к кадрам партии. Если бы в Центральном Комитете партии, в Политбюро ЦК существовала нормальная обстановка, при которой подобные вопросы обсуждались бы, как это положено в партии, и взвешивались бы все факты, то этого дела не возникло бы, как не возникли бы и другие подобные дела. Надо сказать, что в послевоенный период положение еще больше усложнилось.

---

64 Имеется в виду серия судебных процессов в конце 1940-х – начале 1950-х гг. против партийных и государственных руководителей, в основном связанных с городом Ленинградом и ленинградскими областным и городским комитетами ВКП(б). Осужденным предъявляли обвинения в создании внутри партии «вражеской группы», в ведении «вредительско-подрывной работы», включая фальсификации на выборах, а также коррупции – хищении государственных средств для личного обогащения. Среди ключевых осужденных по «ленинградскому делу» были секретарь ЦК ВКП(б) Алексей Кузнецов, председатель Госплана СССР Николай Вознесенский, председатель Совета министров РСФСР Михаил Родионов, первый секретарь Ленинградского обкома и горкома ВКП(б) Петр Попков. Хотя ранее, в 1947 г., в СССР была отменена смертная казнь, 29–30 сентября 1950 г. центральные фигуранты «Ленинградского дела» были приговорены к смерти и расстреляны сразу же после вынесения приговора. В 1954 г. осужденные по «Ленинградскому делу» были реабилитированы, предъявленные им обвинения были признаны фиктивными.

Сталин стал более капризным, раздражительным, грубым, особенно развилась его подозрительность. До невероятных размеров увеличилась мания преследования. Многие работники становились в его глазах врагами. После войны Сталин еще больше отгородился от коллектива, действовал исключительно единолично, не считаясь ни с кем и ни с чем.

Невероятной подозрительностью Сталина ловко пользовался гнусный провокатор, подлый враг Берия, который истребил тысячи коммунистов, честных советских людей. Выдвижение Вознесенского и Кузнецова пугало Берия. Как теперь установлено, именно Берия «подбрасывал» Сталину состряпанные им и его подручными материалы в виде заявлений, анонимных писем, в виде разных слухов и разговоров. Центральный Комитет партии проверил так называемое «ленинградское дело», невинно пострадавшие люди теперь реабилитированы, восстановлена честь славной Ленинградской партийной организации. Фальсификаторы этого дела – Абакумов[65] и другие – были преданы суду, их судили в Ленинграде, и они получили по заслугам.

Возникает вопрос: почему же мы теперь смогли разобраться в этом деле, а не сделали этого раньше, при жизни Сталина, чтобы не допустить гибели невинных людей? Потому, что Сталин сам давал направление «ленинградскому делу» и большинство членов Политбюро того периода не знало всех обстоятельств дела и, конечно, не могло вмешаться. Как только Сталин получил от Берия и Абакумова некоторые материалы, он, не разобравшись по существу в этих фальшивках, дал указание расследовать «дело» Вознесенского и Кузнецова. И этим уже была предрешена их судьба.

---

65 Виктор Семенович Абакумов (1908–1954), состоял в партии с 1930 г. В органах госбезопасности с 1932 г. В 1946–1951 гг. министр государственной безопасности СССР. В июне 1951 г. исключен из партии. 12 июля 1951 г. арестован, обвинен в государственной измене и сионистском заговоре в МГБ. После смерти Сталина обвинения против Абакумова были изменены; ему вменялось в вину «Ленинградское дело».
В декабре 1954 г. приговорен к расстрелу.

Поучительным в этом отношении является также дело о якобы существовавшей в Грузии мингрельской националистической организации. По этому вопросу, как известно, были приняты в ноябре 1951 года и в марте 1952 года решения ЦК КПСС[66]. Эти решения принимались без обсуждения в Политбюро, Сталин сам диктовал эти решения. В них возводились тяжкие обвинения против многих честных коммунистов. На основании подложных материалов утверждалось, что в Грузии якобы существует националистическая организация, которая ставит своей целью ликвидацию Советской власти в этой республике с помощью империалистических государств. В связи с этим был арестован ряд ответственных партийных и советских работников Грузии. Как потом установлено, это была клевета на Грузинскую партийную организацию. Мы знаем, что в Грузии, как и в некоторых других республиках, в свое время были проявления местного буржуазного национализма. Возникает вопрос, может быть, действительно в период, когда принимались упомянутые выше решения, националистические тенденции разрослись до таких размеров, что была угроза выхода Грузии из состава Советского Союза и перехода ее в состав турецкого государства? (*Оживление в зале, смех.*) Это, конечно, чепуха. Трудно даже себе представить, как могли прийти в голову подобные предположения.

Всем известно, как поднялась Грузия в своем экономическом и культурном развитии за годы Советской власти. Промышленная продукция Грузинской республики в 27 раз превышает производство дореволюционной Грузии. В республике заново созданы многие отрасли промышленности, которых не было там до революции: черная металлургия, нефтяная промышленность,

66 Речь идет о постановлениях ЦК ВКП(б) от 9 ноября 1951 г. и 27 марта 1952 г. о якобы вскрытой в Грузии мингрельской националистической организации, возглавляемой секретарем ЦК КП(б) Грузии Михаилом Барамия. 10 апреля 1953 г. эти решения были отменены постановлением ЦК КПСС «О нарушениях советских законов бывшими Министерствами государственной безопасности СССР и Грузинской ССР».

машиностроение и другие. Уже давно ликвидирована неграмотность населения, тогда как в дореволюционной Грузии неграмотных насчитывалось 78 процентов. Сравнивая положение в своей республике с тяжелым положением трудящихся в Турции, могли ли грузины стремиться присоединиться к Турции? В Турции в 1955 году выплавлено стали на душу населения в 18 раз меньше, чем в Грузии. В Грузии производится электроэнергии на душу населения в 9 раз больше, чем в Турции. По данным переписи 1950 года, было 65 процентов населения Турции неграмотным, а среди женщин – около 80 процентов. В Грузии имеется 19 высших учебных заведений, в которых обучается около 39 тысяч студентов, что в 8 раз больше, чем в Турции (на тысячу человек населения). В Грузии за годы Советской власти неизмеримо поднялось материальное благосостояние трудящихся.

Ясно, что в Грузии по мере развития экономики и культуры, роста социалистической сознательности трудящихся все больше исчезает почва, которой питается буржуазный национализм. И как оказалось на самом деле, никакой националистической организации в Грузии не было. Тысячи ни в чем не повинных советских людей стали жертвами произвола и беззакония. И все это делалось под «гениальным» руководством Сталина – «великого сына грузинского народа», как любили называть грузины своего земляка. (*Движение в зале.*)

Произвол Сталина давал себя знать не только при решении вопросов внутренней жизни страны, но и в области международных отношений Советского Союза. На июльском Пленуме ЦК[67] подробно обсуждались причины возникновения конфликта с Югославией. При этом отмечалась весьма неблаговидная роль Сталина. Ведь в «югославском деле» не было таких вопросов, которые нельзя было бы разрешить путем товарищеского партийного обсуждения. Для возникновения

67 Имеется в виду июльский (1955 г.) Пленум ЦК КПСС, на котором был заслушан и одобрен доклад Н. С. Хрущева об итогах советско-югославских переговоров.

этого «дела» не было серьезных оснований, вполне возможно было не допустить разрыва с этой страной. Это не значит, однако, что у югославских руководителей не было ошибок или недостатков. Но эти ошибки и недостатки были чудовищно преувеличены Сталиным, что привело к разрыву отношений с дружественной нам страной.

Мне вспоминаются первые дни, когда искусственно стал раздуваться конфликт между Советским Союзом и Югославией. Однажды, когда я приехал из Киева в Москву, меня пригласил к себе Сталин и, указывая на копию письма, незадолго перед тем направленного к Тито[68], спросил: «Читал?» И, не дожидаясь ответа, сказал: «Вот шевельну мизинцем – и не будет Тито. Он слетит...»

Дорого нам обошлось это «шевеление мизинцем». Такое заявление отражало манию величия Сталина, ведь он так и действовал: шевельну мизинцем – и нет Косиора, шевельну еще раз мизинцем – и нет уже Постышева, Чубаря, шевельну опять мизинцем – и исчезают Вознесенский, Кузнецов и многие другие. Но с Тито так не получилось. Сколько ни шевелил Сталин не только мизинцем, но и всем, чем мог, Тито не слетел. Почему? Да потому, что в споре с югославскими товарищами за Тито стояло государство, стоял народ, прошедший суровую школу борьбы за свою свободу и независимость, народ, который оказывал поддержку своим руководителям. Вот к чему приводила мания величия Сталина. Он полностью утрачивал чувство реальности, проявлял подозрительность, высокомерие в отношении не только отдельных лиц внутри страны, но и в отношении целых партий и стран. Теперь мы внимательно разобрались в

---

68 Иосип Броз Тито (1892–1980), деятель югославского и международного коммунистического и рабочего движения. С 1940 г. Генеральный секретарь ЦК Коммунистической партии Югославии, с 1952 г. Генеральный секретарь Союза коммунистов Югославии, с 1966 г. председатель СКЮ. С 1945 г. глава государства и правительства ФНРЮ (затем СФРЮ). В период Второй мировой войны был лидером югославских партизан. Кавалер советского ордена «Победа». Скончался в ночь на 4 мая 1980 г., не дожив трех дней до своего 88-летия. Похоронен в мавзолее «Дом цветов» в Белграде.

вопросе с Югославией и нашли правильное решение, которое одобряется народами и Советского Союза, и Югославии, как и всеми трудящимися стран народной демократии, всем прогрессивным человечеством. Ликвидация ненормальных отношений с Югославией осуществлена в интересах всего лагеря социализма, в интересах укрепления мира во всем мире.

Следует также напомнить о «деле врачей-вредителей»[69]. (*Движение в зале.*) Собственно, никакого «дела» не было, кроме заявления врача Тимашук[70], которая, может быть, под влиянием кого-нибудь или по указанию (ведь она была негласным сотрудником органов госбезопасности) написала Сталину письмо, в котором заявляла, что врачи якобы применяют неправильные методы лечения. Достаточно было такого письма к Сталину, как он сразу сделал выводы, что в Советском Союзе имеются врачи-вредители, и дал указание – арестовать группу крупных специалистов советской медицины. Он сам давал указания, как вести следствие, как допрашивать арестованных. Он сказал: на академика Виноградова[71] надеть кандалы, такого-то бить. Здесь присутствует делегат съезда, бывший министр госбезо-

69 Речь идет о сфабрикованном в 1952–1953 гг. деле по обвинению группы врачей в проведении шпионской и террористической деятельности, в заговоре и убийстве ряда советских лидеров. Дело приобрело антисемитский характер и влилось в более общую кампанию по «борьбе с безродным космополитизмом». Постановлением Президиума ЦК КПСС от 3 апреля 1953 г. были полностью реабилитированы 37 врачей и членов их семей, арестованных по делу о «врачах-вредителях». Они были освобождены и восстановлены на работе.

70 Лидия Феодосьевна (Федосеевна) Тимашук (Тимошук) (1898–1983), советский врач-кардиолог. Ее письмо о неправильном лечении члена Политбюро ЦК ВКП(б) Андрея Жданова было использовано советскими властями в 1953 г. при фабрикации «дела врачей» и в организованной в СССР с помощью этого дела антисемитской кампании.

71 Владимир Никитич Виноградов (1882–1964), советский терапевт, кардиолог. Академик АМН СССР (1944), заслуженный деятель науки РСФСР (1940), Герой Социалистического Труда (1957). Лечащий врач Иосифа Сталина. В ноябре 1952 г. был арестован по так называемому «делу врачей», на допросах подвергался систематическим избиениям. Похоронен на Новодевичьем кладбище в Москве.

пасности т. Игнатьев[72]. Сталин ему прямо заявил: «Если не добьетесь признания врачей, то с вас будет снята голова». (*Шум возмущения в зале.*) Сталин сам вызывал следователя, инструктировал его, указывал методы следствия, а методы были единственные – бить, бить и бить. Через некоторое время после ареста врачей мы, члены Политбюро, получили протоколы с признаниями врачей. После рассылки этих протоколов Сталин говорил нам: «Вы слепцы, котята, что же будет без меня – погибнет страна, потому что вы не можете распознать врагов».

Дело было поставлено так, что никто не имел возможности проверить факты, на основе которых ведется следствие. Не было возможности проверить факты путем контакта с людьми, которые давали эти признания. Но мы чувствовали, что дело с арестом врачей – это нечистое дело. Многих из этих людей мы лично знали, они лечили нас. И когда после смерти Сталина мы посмотрели, как создавалось это «дело», то увидели, что оно от начала до конца ложное. Это позорное «дело» было создано Сталиным, но он не успел его довести до конца (в своем понимании), и поэтому врачи остались живыми. Теперь все они реабилитированы, работают на тех же постах, что и раньше, лечат руководящих работников, включая и членов Правительства. Мы им оказываем полное доверие, и они добросовестно исполняют, как и раньше, свой служебный долг.

В организации различных грязных и позорных дел гнусную роль играл махровый враг нашей партии, агент иностранной раз-

---

72 Семен Денисович Игнатьев (1904–1983), член партии с 1926 г. В 1951–1953 гг. министр государственной безопасности СССР (при нем раскручивались «дело врачей» и «Мингрельское дело»). На следующий день после освобождения врачей было принято решение ввиду «допущенных т. Игнатьевым С. Д. серьезных ошибок» освободить его от обязанностей секретаря ЦК КПСС, а затем он был выведен и из состава ЦК. Это был первый акт борьбы за власть в партии, в которой Берия нанес удар по Георгию Маленкову, так как Игнатьев был его креатурой. После краха Берии эти решения были отменены, Игнатьев был восстановлен в составе членов ЦК. В 1953–1957 гг. первый секретарь Башкирского, а в 1957–1960 гг. Татарского обкомов КПСС, в 1952–1953 гг. секретарь ЦК КПСС.

ведки Берия, втершийся в доверие к Сталину. Как этот провокатор смог добиться такого положения в партии и государстве, что стал первым заместителем Председателя Совета Министров Советского Союза и членом Политбюро ЦК? Теперь установлено, что этот мерзавец шел вверх по государственной лестнице через множество трупов на каждой ступеньке. Были ли сигналы о том, что Берия враждебный партии человек? Да, были. Еще в 1937 году на Пленуме ЦК бывший нарком здравоохранения Каминский[73] говорил, что Берия работал в муссаватистской разведке[74]. Не успел закончиться Пленум ЦК, как Каминский был арестован и затем расстрелян. Проверил ли Сталин заявление Каминского? Нет, потому что Сталин верил Берия, и этого было для него достаточно. А если Сталин верил, то никто не мог уже сказать что-либо противоречащее его мнению; кто бы вздумал возразить, того постигла бы такая же судьба, как и Каминского. Были и другие сигналы.

Представляет интерес заявление т. Снегова[75] в Центральный Комитет партии (кстати сказать, недавно реабилитирован-

---

73 Григорий Наумович Каминский (1895–1938), член партии с 1913 г. В 1920 г. секретарь ЦК КП(б) Азербайджана, затем на хозяйственной и советской работе. С 1930 г. секретарь МК ВКП(б). С 1932 г. председатель Мособлисполкома. С 1934 г. нарком здравоохранения. Кандидат в члены ЦК ВКП(б) в 1925–1927 гг. и с 1934 г. В 1937 г. на одном из пленумов ЦК Каминский сказал, что Берия работал на мусаватистскую разведку. Никто не выступил с опровержением. Арестован после своего выступления на Пленуме ЦК в тот же день, 25 июня 1937 г. В феврале 1938 г. приговорен к высшей мере наказания. Посмертно реабилитирован в марте 1955 года.

74 Мусаватисты – члены азербайджанской буржуазной националистической партии «Мусават» («равенство»). Существовала с 1911 г. После Октябрьской революции выступила инициатором провозглашения Азербайджанской буржуазной республики (1918–1920 гг.).

75 Алексей Владимирович Снегов (1898–1989), член партии с 1917 г. С 1931 г. член бюро Закавказского крайкома ВКП(б), затем на советской и партийной работе в Сибири, Украине, Куйбышеве, Мурманске. Незаконно репрессирован в 1938 г. В марте 1954 г. освобожден из заключения и полностью реабилитирован. В годы хрущевской оттепели активно занимался реабилитацией жертв сталинских репрессий. Предсказал реванш сталинистов во главе с Михаилом Сусловым. В 1966 г. выступил в защиту историка Александра Некрича на обсуждении его книги «1941, 22 июня» в Институте марксизма-ленинизма при ЦК КПСС. В 1967 г. исключен из КПСС, но вскоре восстановлен по ходатайству группы старых большевиков. Находился под постоянным надзором КГБ. 18 сентября 1989 г. был сбит электропоездом в Москве. Похоронен на Троекуровском кладбище.

ного после 17-летнего пребывания в лагерях). В своем заявлении он пишет: «В связи с постановкой вопроса о реабилитации бывшего члена ЦК Картвелишвили-Лаврентьева[76] мною даны представителю КГБ подробные показания о роли Берия в расправе с Картвелишвили и преступных мотивах, которыми Берия руководствовался. Считаю необходимым восстановить важный факт в этом вопросе и сообщить о нем в ЦК, поскольку я считал неудобным помещать его в следственных документах. 30.X.1931 г. на заседании Оргбюро ЦК БКП состоялся доклад секретаря Заккрайкома Картвелишвили. Присутствовали все члены бюро крайкома, из которых я один – живой. На этом заседании И. В. Сталин в конце своего выступления внес предложение сформировать секретариат Заккрайкома в составе: 1-м секретарем Картвелишвили, 2-м – Берия (это впервые в истории партии фамилия Берия была названа, как кандидат на партийный пост), тут же Картвелишвили репликой заявил, что знает хорошо Берия и поэтому категорически отказывается с ним работать. Тогда И. В. Сталин предложил вопрос оставить открытым и решить его в рабочем порядке. Через 2 дня было решено о выдвижении Берия на партийную работу и об уходе Картвелишвили из Закавказья. Подтвердить это могут тт. Микоян А. И.

76 Лаврентий Иосифович Картвелишвили (Лаврентьев) (1890–1938), член партии с 1910 г. С 1923 г. секретарь ЦК КП(б) Грузии, второй секретарь Закавказского крайкома партии, председатель Совнаркома Грузии. С 1929 г. нач. политуправления Украинского военного округа, второй секретарь ЦК КП(б) Украины. С 1931 г. секретарь Закавказского, Западно-Сибирского, Дальневосточного крайкомов, Крымского обкома ВКП(б). В 1930–1934 гг. кандидат, с 1934 г. член ЦК ВКП(б). 22 июня 1937 г. был арестован. 20 июля Лаврентий Берия, возглавлявший тогда партийную организацию Закавказья, направил Сталину записку, сообщавшую о раскрытии в Грузии подпольной группы «правых», в которой состоял и Лаврентьев-Картвелишвили. Картвелишвили был обвинен в «сочувствии троцкизму», шпионаже в пользу Германии, Японии, Англии и других иностранных держав, участии в заговоре, направленном на свержение советской власти и на организацию убийства Сталина, Ежова и других руководителей государства. Был расстрелян 22 августа 1938 г., в день вынесения ему смертного приговора. В феврале 1956 г. был полностью реабилитирован и восстановлен в партии.

и Каганович Л. М., присутствовавшие на этом заседании. Многолетние враждебные отношения между Картвелишвили и Берия широко были известны; истоки их идут со времени работы тов. Серго[77] в Закавказье, поскольку Картвелишвили был ближайшим помощником Серго. Они и послужили для Берия основанием, чтобы сфальсифицировать «дело» против Картвелишвили. Характерно, что Картвелишвили по этому "делу" обвиняется в террористическом акте против Берия».

В обвинительном заключении по делу Берия подробно изложены его преступления. Но кое-что стоит напомнить, тем более что, возможно, не все делегаты съезда читали этот документ. Здесь я хочу напомнить о зверской расправе Берия над Кедровым[78], Голубевым[79] и приемной матерью Голубева – Батуриной, которые пытались довести до сведения ЦК о предательской деятельности Берия. Они были расстреляны без суда, а приговор был оформлен после расстрела задним числом.

---

77 Григорий Константинович Орджоникидзе (Серго) (1886–1937), член партии с 1903 г. С 1920 г. председатель Кавбюро ЦК РКП(б), первый секретарь Заккрайкома партии, Северо-Кавказского крайкома партии. С 1926 г. председатель ЦКК ВКП(б), нарком РКИ, зам. Председателя Совнаркома и Совета Труда и Обороны СССР. С 1930 г. председатель ВСНХ, нарком тяжелой промышленности. Член ЦК партии с 1921 г. В 1926–1930 гг. кандидат, а с 1930 г. член Политбюро ЦК ВКП(б). Преданный сторонник Сталина, Орджоникидзе тем не менее не смог согласиться с уничтожением старых большевиков. В 1936 г. был арестован старший брат Орджоникидзе Павел (Папулия). Причем известие об аресте брата Орджоникидзе получил в день своего 50-летия и отказался участвовать в торжественном заседании, посвященном юбилею. В самом конце октября Серго уехал в Москву, где, по официальной советской версии, вскоре с ним случился сердечный приступ, однако есть целый ряд свидетельств, что Серго застрелился.

78 Игорь Михайлович Кедров (1908–1940), член ВКП(б) с 1931 г., старший лейтенант госбезопасности, сын Кедрова М. С. (см. примечание 76). Подвергался репрессиям. В феврале 1939 г. арестован, приговорен к высшей мере наказания. Реабилитирован в феврале 1954 г.

79 Владимир Петрович Голубев (1913–1940), кандидат в члены ВКП(б), лейтенант госбезопасности. Арестован в 1939 г., расстрелян 25 января 1940 г. вместе с Н. В. Батуриной.

Вот что писал в Центральный Комитет партии тов. Андрееву[80] (тов. Андреев был тогда секретарем ЦК) старый коммунист т. Кедров[81]: «Из мрачной камеры Лефортовской тюрьмы взываю к вам о помощи. Услышьте крик ужаса, не пройдите мимо, заступитесь, помогите уничтожить кошмар допросов, вскрыть ошибку. Я невинно страдаю. Поверьте. Время покажет. Я не агент-провокатор царской охранки, не шпион, не член антисоветской организации, в чем меня обвиняют, основываясь на клеветнических заявлениях. И никаких других преступлений в отношении Партии и Родины я никогда не совершал. Я не запятнанный ничем старый большевик, честно боровшийся (без малого) 40 лет в рядах Партии на благо и счастье народа... Теперь мне, 62-летнему старику, следователи угрожают еще более тяжкими и жестокими и унизительными мерами физического воздействия. Они уже не в состоянии осознать своей ошибки и признать незаконность и недопустимость своих поступков в отношении меня. Они ищут оправдания им в изображении меня злейшим, неразоружающимся врагом и настаивая на усилении репрессии. Но пусть знает Партия, что я невиновен и никакими

80 Андрей Андреевич Андреев (1895–1971), член партии с 1914 г. С 1920 г. секретарь ВЦСПС, одновременно в 1924–1925 гг. секретарь ЦК РКП(б). С 1927 г. секретарь Северо-Кавказского крайкома ВКП(б). С 1930 г. председатель ЦКК ВКП(б), нарком РКИ СССР, зам. Председателя Совнаркома СССР. С 1931 г. нарком путей сообщения СССР. С 1935 г. секретарь ЦК ВКП(б). В 1939–1952 гг. председатель КПК при ЦК ВКП(б). С 1946 г. зам. Председателя Совета Министров СССР. Член ЦК партии в 1920–1961 гг. Кандидат в члены Политбюро ЦК в 1926–1930 гг. Член Политбюро ЦК ВКП(б) в 1932–1952 гг.

81 Михаил Сергеевич Кедров (1878–1941), член партии с 1901 г. В 1906–1907 гг. руководитель большевистского книжного издательства «Зерно». С ноября 1917 г. член коллегии наркомата по военным делам, комиссар демобилизации старой армии, на командных должностях на Северном фронте. С марта 1919 г. нач. Особого отдела ВЧК, член комиссии НКВД. После гражданской войны работал в ВСНХ, Верховном суде СССР, Госплане РСФСР. Был арестован в апреле 1939 г. Свою вину не признал, несмотря на жестокие пытки и избиения. На суде в июле 1941 г. был оправдан. Несмотря на оправдательный приговор, по личному указанию Берии предписан к расстрелу. Расстрелян 1 ноября 1941 г. После смерти Сталина посмертно реабилитирован.

мерами не удастся верного сына Партии, преданного ей до гроба жизни, превратить во врага. Но у меня нет выхода. Я бессилен отвратить от себя надвигающиеся новые, тяжкие удары. Всему, однако, есть предел. Я измотан вконец. Здоровье подорвано, силы и энергия иссякают, развязка приближается. Умереть в советской тюрьме с клеймом презренного предателя и изменника Родины – что может быть страшнее для честного человека. Какой ужас! Беспредельная горечь и боль сжимают судорогой сердце. Нет, нет! Это не случится, не должно случиться, кричу я. И Партия, и Советское правительство, и нарком Л. П. Берия не допустят свершиться той жестокой непоправимой несправедливости. Убежден, что при спокойном, беспристрастном расследовании, без отвратительной ругани, без злобы, без жутких издевательств, необоснованность обвинений будет легко установлена. Я глубоко верю, что правда и справедливость восторжествуют. Я верю, верю».

Старого большевика т. Кедрова Военная Коллегия оправдала. Но, несмотря на это, он был расстрелян по распоряжению Берия. (*Шум возмущения в зале.*) Берия учинил также жестокую расправу над семьей товарища Орджоникидзе. Почему? Потому что Орджоникидзе мешал Берия в осуществлении его коварных замыслов. Берия расчищал себе путь, избавляясь от всех людей, которые могли ему мешать. Орджоникидзе всегда был против Берия, о чем он говорил Сталину. Вместо того, чтобы разобраться и принять необходимые меры, Сталин допустил уничтожение брата Орджоникидзе, а самого Орджоникидзе довел до такого состояния, что последний вынужден был застрелиться. (*Шум возмущения в зале.*)

Вот что представлял из себя Берия. Центральным Комитетом партии Берия был разоблачен вскоре после смерти Сталина. В результате тщательного судебного разбирательства были установлены чудовищные злодеяния Берия, и он был расстрелян.

Спрашивается, почему же Берия, который уничтожил десятки тысяч партийных и советских работников, не был разоблачен при жизни Сталина? Он не был раньше разоблачен потому, что умело использовал слабости Сталина, разжигая в нем чувство подозрительности, во всем угождал Сталину, действовал при его поддержке.

Товарищи! Культ личности приобрел такие чудовищные размеры главным образом потому, что сам Сталин всячески поощрял и поддерживал возвеличивание его персоны. Об этом свидетельствуют многочисленные факты. Одним из наиболее характерных проявлений самовосхваления и отсутствия элементарной скромности у Сталина является издание его «Краткой биографии», вышедшей в свет в 1948 году. Эта книга представляет собой выражение самой безудержной лести, образец обожествления человека, превращения его в непогрешимого мудреца, самого «великого вождя» и «непревзойденного полководца всех времен и народов». Не было уже других слов, чтобы еще больше восхвалять роль Сталина.

Нет необходимости цитировать тошнотворно-льстивые характеристики, нагроможденные в этой книге одна на другую. Следует только подчеркнуть, что все они одобрены и отредактированы лично Сталиным, а некоторые из них собственноручно вписаны им в макет книги. Что же Сталин счел необходимым вписать в эту книгу? Может быть, он стремился умерить пыл лести составителей его «Краткой биографии»? Нет. Он усиливал именно те места, где восхваление его заслуг казалось ему недостаточным. Вот некоторые характеристики деятельности Сталина, вписанные рукою самого Сталина: «В этой борьбе с маловерами и капитулянтами, троцкистами и зиновьевцами, бухариными и каменевыми окончательно сложилось после выхода Ленина из строя то руководящее ядро нашей партии... которое отстояло великое знамя Ленина, сплотило партию вокруг заветов Ленина и вывело советский народ на широкую дорогу индустриализации страны и коллективизации сельского хозяйства. Руководителем этого ядра и ведущей силой партии и государства был тов. Сталин».

И это пишет сам Сталин! Далее он добавляет: «Мастерски выполняя задачи вождя партии и народа, имея полную поддержку всего советского народа, Сталин, однако, не допускал в своей деятельности и тени самомнения, зазнайства, самолюбования». Где и когда мог какой-либо деятель так прославлять самого себя? Разве это достойно деятеля марксистско-ленинского типа? Нет. Именно против этого так решительно выступали Маркс и Энгельс. Именно это всегда резко осуждал Владимир Ильич Ленин. В макете книги была такая фраза: «Сталин – это Ленин сегодня». Эта фраза показалась ему явно недостаточной, и Сталин собственноручно переделывает ее следующим образом: «Сталин – достойный продолжатель дела Ленина, или, как говорят у нас в партии, Сталин – это Ленин сегодня». Вот как сильно сказано, но не народом, а самим Сталиным.

Можно привести множество подобных самовосхваляющих характеристик, внесенных в макет книги рукою Сталина. Особенно усердно он расточал похвалы в свой адрес по поводу своего военного гения, своих полководческих талантов. Позволю себе привести еще одну вставку, сделанную Сталиным в отношении сталинского военного гения. «Товарищ Сталин, – пишет он, – развил дальше передовую советскую военную науку. Товарищ Сталин разработал положение о постоянно действующих факторах, решающих судьбу войны, об активной обороне и законах контрнаступления и наступления, о взаимодействии родов войск и боевой техники в современных условиях войны, о роли больших масс танков и авиации в современной войне, об артиллерии как самом могучем роде войск. На разных этапах войны сталинский гений находил правильные решения, полностью учитывающие особенности обстановки». (*Движение в зале.*) Далее сам же Сталин пишет: «Сталинское военное искусство проявилось как в обороне, так и в наступлении. С гениальной проницательностью разгадывал товарищ Сталин планы врага и отражал их. В сражениях, в которых товарищ Сталин руководил советскими войсками, воплощены выдающиеся образцы военного оперативного искусства».

Так прославлялся Сталин как полководец. Но кем же? Самим же Сталиным, но выступающим уже не в роли полководца, а в роли автора – редактора, одного из главных составителей своей хвалебной биографии. Таковы, товарищи, факты. Надо прямо сказать, что это позорные факты.

И еще один факт из той же «Краткой биографии» Сталина. Известно, что над созданием «Краткого курса истории Всесоюзной Коммунистической партии (большевиков)» работала комиссия Центрального Комитета партии. Этот, к слову говоря, также весьма пропитанный культом личности труд составлялся определенным коллективом авторов. И это положение было отражено в макете «Краткой биографии» Сталина в следующей формулировке: «Комиссия Центрального Комитета ВКП(б) под руководством товарища Сталина, при его личном активнейшем участии, создает «Краткий курс истории Всесоюзной Коммунистической партии (большевиков)».

Однако эта формулировка не могла уже удовлетворить Сталина, и в изданной «Краткой биографии» это место заменено следующим положением: «В 1938 году вышла в свет книга «История ВКП(б). Краткий курс», написанная товарищем Сталиным и одобренная Комиссией ЦК ВКП(б)». Что же тут еще больше скажешь! (*Оживление в зале.*)

Как видите, произошло поразительное превращение труда, созданного коллективом, в книгу, написанную Сталиным. Нет нужды говорить о том, как и почему произошло подобное превращение. Возникает законный вопрос: если Сталин является автором этой книги, то зачем ему нужно было так прославлять личность Сталина и, по существу, весь послеоктябрьский период истории нашей славной Коммунистической партии делать лишь фоном деяний «сталинского гения»? Разве нашли в этой книге достойное отражение усилия партии по социалистическому преобразованию страны, построению социалистического общества, индустриализации и коллективизации страны и другие мероприятия, осуществленные партией, твердо идущей по пути, начертанному Лениным? Там главным образом говорится о Сталине, его выступлениях, его докладах. Все, без какого бы то ни было исключения, связано с его именем. И когда сам же Сталин заявляет, что именно он написал «Краткий курс истории ВКП(б)», то это не может не вызывать по меньшей мере удивления и недоумения. Разве может марксист-ленинец так писать о самом себе, возводя до небес культ своей личности?

Или возьмем вопрос о Сталинских премиях[82]. (*Движение в зале.*) Даже цари не учреждали таких премий, которые назвали бы своим именем. Сам Сталин признал лучшим тот текст Государственного гимна Советского Союза, в котором ни слова нет о Коммунистической партии, но зато есть следующее беспримерное славословие Сталину: «Нас вырастил Сталин – на верность народу, На труд и на подвиги нас вдохновил». В этих строчках гимна вся огромная воспитательная, руководящая и вдохновляющая деятельность великой ленинской партии приписана одному Сталину. Это, конечно, явное отступление от марксизма-ленинизма, явное принижение и умаление роли партии. К вашему сведению следует сказать, что Президиум ЦК уже принял решение о создании нового текста гимна, который отражал бы роль народа, роль партии. (Бурные, продолжительные аплодисменты.)

А разве без ведома Сталина его имя присваивалось многим крупнейшим предприятиям и городам, разве без его ведома по всей стране устанавливались монументы Сталина – эти «памятники при жизни»? Ведь это же факт, что сам Сталин 2 июля 1951 года подписал постановление Совета Министров СССР, в котором предусматривалось сооружение на Волго-Донском канале монументальной скульптуры Сталина, а 4 сентября того же года издал распоряжение об отпуске на сооружение этого монумента 33 тонн меди. Кто был вблизи Сталинграда, тот видел, какая там статуя высится, причем в таком месте, где людей мало бывает. А на ее сооружение затрачено много средств, и это в то

82 Сталинские премии 1, 2 и 3-й степени присуждались в 1940–1952 гг.

время, когда наши люди в этих районах после войны еще жили в землянках. Судите сами, правильно ли писал Сталин в своей биографии о том, что он «не допускал в своей деятельности и тени самомнения, зазнайства, самолюбования»?

Вместе с тем Сталин проявлял неуважение к памяти Ленина. Не случайно Дворец Советов[83] , как памятник Владимиру Ильичу, решение о строительстве которого было принято свыше 30 лет тому назад, не был построен, и вопрос о его сооружении постоянно откладывался и предавался забвению. Надо исправить это положение и памятник Владимиру Ильичу Ленину соорудить. (*Бурные, продолжительные аплодисменты.*)

Нельзя не вспомнить и о решении Советского правительства от 14 августа 1925 года «Об учреждении премий В. И. Ленина за научные работы». Это постановление было обнародовано в печати, но до сих пор Ленинских премий нет. Это также нужно исправить. (Бурные, продолжительные аплодисменты.)

При жизни Сталина благодаря известным методам, о которых я уже говорил, приводя факты, как писалась хотя бы «Краткая биография Сталина», все события освещались так, что Ленин как будто играл второстепенную роль даже при совершении Октябрьской социалистической революции. Во многих кинокартинах, в произведениях художественной литературы образ Ленина освещается неправильно, недопустимо принижается. Сталин очень любил смотреть фильм «Незабываемый 1919-й год», где он изображен едущим на подножке бронепоезда и чуть ли не саблей поражающим врагов. Пусть Климент Ефремович, наш дорогой друг, наберется храбрости и напишет правду о Сталине, ведь он знает, как Сталин воевал. Тов. Ворошилову[84], конечно,

---

83 Решение о сооружении в Москве Дворца Советов (на месте разрушенного храма Христа Спасителя) было принято в 1922 г. на I съезде Советов СССР. Перед Великой Отечественной войной начиналось его сооружение.

84 Климент Ефремович Ворошилов (1881–1969), член партии с 1903 г. С 1925 г. нарком по военным и морским делам и председатель Реввоенсовета СССР. С 1934 г. нарком обороны СССР. С 1940 г. зам. Председателя Совнаркома СССР. В годы Великой Отечественной войны член Государственного Комитета

тяжело это дело начинать, но хорошо бы ему это сделать. Это будет одобрено всеми – и народом, и партией. И внуки за это будут благодарить. (*Продолжительные аплодисменты.*)

При освещении событий, связанных с Октябрьской революцией и гражданской войной, в ряде случаев дело изображалось так, что главная роль везде как бы принадлежит Сталину, что всюду и везде он подсказывает Ленину, как и что надо делать. Но ведь это же клевета на Ленина! (*Продолжительные аплодисменты.*) Я, вероятно, не согрешу против истины, если скажу, что 99 процентов из присутствующих здесь мало что знали и слышали о Сталине до 1924 года, а Ленина в стране все знали; вся партия знала, весь народ знал, от мала до велика. (*Бурные, продолжительные аплодисменты.*) Все это надо решительно пересмотреть, чтобы нашли свое правильное отражение в истории, литературе, произведениях искусства роль В. И. Ленина, великие деяния нашей Коммунистической партии и советского народа – народа-творца, народа-созидателя. (*Аплодисменты.*)

Товарищи! Культ личности способствовал распространению в партийном строительстве и хозяйственной работе порочных методов, порождал грубые нарушения внутрипартийной и советской демократии, голое администрирование, разного рода извращения, замазывание недостатков, лакировку действительности. У нас развелось немало подхалимов, аллилуйщиков, очковтирателей. Нельзя не видеть и того, что в результате многочисленных арестов партийных, советских и хозяйственных работников многие наши кадры стали работать неуверенно, с оглядкой, бояться нового, остерегаться и собственной тени, меньше стали проявлять инициативы в работе. А возьмите решения партийных и советских органов. Они стали составляться по шаблону, зачастую без учета конкретной обстанов-

---

Обороны. С 1946 г. зам. Председателя Совета Министров СССР. В 1953–1960 гг. Председатель Президиума Верховного Совета СССР. Член ЦК партии в 1921–1961 гг. и 1966–1969 гг. Член Политбюро (Президиума) ЦК в 1926–1960 гг. (это рекорд продолжительности пребывания в Политбюро (Президиуме) партии – 34,5 года).

ки. Дело дошло до того, что выступления партийных и других работников даже на самых небольших заседаниях, совещаниях по любым вопросам произносились по шпаргалке. Все это порождало опасность оказенивания партийной и советской работы, бюрократизации аппарата.

Отрыв Сталина от жизни, незнание им действительного положения дел на местах можно наглядно показать на примере руководства сельским хозяйством. Все, кто хоть мало-мальски интересовался положением в стране, видели тяжелое состояние сельского хозяйства, а Сталин этого не замечал. Говорили ли мы об этом Сталину? Да, говорили, но он нас не поддерживал. Почему же так получилось? Потому, что Сталин никуда не выезжал, с рабочими и колхозниками не встречался и не знал действительного положения на местах. Он страну и сельское хозяйство изучал только по кинофильмам. А кинофильмы приукрашивали, лакировали положение дел в сельском хозяйстве. Колхозная жизнь во многих кинофильмах изображалась так, что столы трещали от обилия индеек и гусей. Видимо, Сталин думал, что в действительности так оно и есть.

Владимир Ильич Ленин по-другому смотрел на жизнь, он все время был тесно связан с народом; принимал крестьян-ходоков, часто выступал на фабриках и заводах, ездил в деревни, беседовал с крестьянами. Сталин отгородился от народа, он никуда не выезжал. И так продолжалось десятки лет. Последняя его поездка на село была в январе 1928 года, когда он ездил в Сибирь по вопросам хлебозаготовок. Откуда же он мог знать положение в деревне? И когда Сталину в одной из бесед было сказано, что положение в сельском хозяйстве у нас тяжелое, особенно плохо обстоит дело в стране с производством мяса и других продуктов животноводства, была создана комиссия, которой было поручено подготовить проект постановления «О мерах по дальнейшему развитию животноводства в колхозах и совхозах».

Мы разработали такой проект. Конечно, наши тогдашние предложения не охватывали всех возможностей, но были намечены пути подъема общественного животноводства. Предлагалось тогда поднять заготовительные цены на продукты животноводства, чтобы повысить материальную заинтересованность у колхозников, работников МТС и совхозов в развитии животноводства. Но проект, разработанный нами, не был принят, в феврале 1953 года он был отложен. Более того, при рассмотрении этого проекта Сталин внес предложение повысить налог на колхозы и колхозников еще на 40 миллиардов рублей, так как, по его мнению, крестьяне живут богато, и, продав только одну курицу, колхозник может полностью расплатиться по государственному налогу.

Вы только подумайте, что это означало? Ведь 40 миллиардов рублей – это такая сумма, которую крестьяне не получали за все сдаваемые ими продукты. В 1952 году, например, колхозы и колхозники получили за всю сданную и проданную ими государству продукцию 26 миллиардов 280 миллионов рублей. Разве такое предложение Сталина основывалось на каких-то данных? Конечно, нет. Факты и цифры в таких случаях его не интересовали. Если что сказал Сталин, значит, это так и есть – ведь он «гений», а гению не нужно считать, ему достаточно посмотреть, чтобы сразу все определить, как должно быть. Он сказал свое слово, а потом все должны повторять за ним сказанное и восторгаться его мудростью. Но что было мудрого в предложении увеличить сельскохозяйственный налог на 40 миллиардов рублей? Ровным счетом ничего, так как это предложение исходило не из реальной оценки действительности, а из фантастических измышлений оторванного от жизни человека.

Сейчас в сельском хозяйстве мы стали понемногу выкарабкиваться из тяжелого положения. Выступления делегатов XX съезда партии радуют каждого из нас, когда многие делегаты говорят, что есть все условия выполнить задания шестой пятилетки по производству основных продуктов животноводства не за пять лет, а за два-три года. Мы уверены в успешном выполнении заданий новой пятилетки. (*Продолжительные аплодисменты.*)

Товарищи! Когда мы сейчас резко выступаем против культа личности, получившего при жизни Сталина широкое распространение, и говорим о многих отрицательных явлениях, порожденных этим чуждым духу марксизма-ленинизма культом, у отдельных людей может возникнуть вопрос: как же так, ведь Сталин стоял во главе партии и страны 30 лет, при нем были достигнуты крупные победы, разве можно отрицать это? Я считаю, что так ставить вопрос могут только ослепленные и безнадежно загипнотизированные культом личности люди, которые не понимают сущности революции и Советского государства, не понимают по-настоящему, по-ленински роли партии и народа в развитии советского общества. Социалистическую революцию совершил рабочий класс в союзе с беднейшим крестьянством, при поддержке среднего крестьянства, совершил народ, руководимый большевистской партией.

Великая заслуга Ленина состоит в том, что он создал боевую партию рабочего класса, вооружил ее марксистским пониманием законов общественного развития, учением о победе пролетариата в борьбе с капитализмом, он закалил партию в огне революционных битв народных масс. В ходе этой борьбы партия последовательно отстаивала интересы народа, стала его испытанным вождем, привела трудящихся к власти, к созданию первого в мире социалистического государства. Вы хорошо помните мудрые ленинские слова о том, что Советское государство сильно сознательностью масс, о том, что историю теперь творят миллионы и десятки миллионов людей. Организаторской работе партии, ее многочисленных местных организаций, самоотверженному труду нашего великого народа обязаны мы своими историческими победами. Эти победы – результат огромной по своему размаху деятельности народа и партии в целом, они вовсе не являются плодом руководства одного лишь Сталина, как это пытались представить в период процветания культа личности.

Если по-марксистски, по-ленински подойти к существу этого вопроса, то надо со всей прямотой заявить, что практика руководства, сложившаяся в последние годы жизни Сталина, стала серьезным тормозом на пути развития советского общества. Сталин долгими месяцами не рассматривал многие важнейшие и неотложные вопросы жизни партии и страны. При руководстве Сталина наши мирные отношения с другими странами нередко ставились под угрозу, так как единоличные решения могли вызвать и иногда вызывали большие осложнения. За последние годы, когда мы освободились от порочной практики культа личности и наметили ряд мер в области внутренней и внешней политики, все видят, как буквально на глазах растет активность, развивается творческая инициатива широких масс трудящихся, как благотворно начинает сказываться это на результатах нашего хозяйственного и культурного строительства. (*Аплодисменты.*)

Некоторые товарищи могут задать вопрос: куда же смотрели члены Политбюро ЦК, почему они своевременно не выступили против культа личности и делают это лишь в последнее время?

Прежде всего надо иметь в виду, что члены Политбюро смотрели на эти вопросы по-разному в разные периоды. В первое время многие из них активно поддерживали Сталина, потому что Сталин является одним из сильнейших марксистов и его логика, сила и воля оказывали большое воздействие на кадры, на работу партии. Известно, что Сталин после смерти В. И. Ленина, особенно в первые годы, активно боролся за ленинизм, против извратителей и врагов ленинского учения. Исходя из ленинского учения, партия во главе со своим Центральным Комитетом развернула большую работу по социалистической индустриализации страны, коллективизации сельского хозяйства, осуществлению культурной революции. В то время Сталин завоевал популярность, симпатии и поддержку.

Партии пришлось вести борьбу с теми, кто пытался сбить страну с единственно правильного, ленинского пути, – с троцкистами, зиновьевцами и правыми, буржуазными националистами. Эта борьба была необходима. Но затем Сталин, все более злоупотребляя властью, стал расправляться с видными деятелями партии и государства, применять против честных советских людей террористические методы. Как уже говорилось, именно так Сталин поступил с видными деятелями нашей партии и государства – Косиором, Рудзутаком, Эйхе, Постышевым и многими другими. Попытки выступить против необоснованных подозрений и обвинений приводили к тому, что протестовавший подвергался репрессиям.

В этом отношении характерна история с т. Постышевым. В одной из бесед, когда Сталин проявил недовольство по адресу Постышева и задал ему вопрос: «Кто вы такой?» Постышев твердо заявил с присущим ему окающим акцентом: «Большевик я, товарищ Сталин, большевик!» И это заявление было расценено сначала как неуважение к Сталину, а потом как вредный акт и впоследствии привело к уничтожению Постышева, объявленного без всяких к тому оснований «врагом народа».

Об обстановке, сложившейся в то время, мы нередко беседовали с Николаем Александровичем Булганиным. Однажды, когда мы вдвоем ехали в машине, он мне сказал: «Вот иной раз едешь к Сталину, вызывают тебя к нему как друга. А сидишь у Сталина и не знаешь, куда тебя от него повезут: или домой, или в тюрьму». Ясно, что такая обстановка ставила любого из членов Политбюро в крайне тяжелое положение. Если к тому же учесть, что за последние годы Пленумы ЦК партии фактически не созывались, а заседания Политбюро проводились от случая к случаю, то станет понятным, как трудно было кому-либо из членов Политбюро высказаться против той или иной несправедливой или неправильной меры, против очевидных ошибок и недостатков в практике руководства. Как уже отмечалось, многие решения принимались единолично или опросом, без коллективного обсуждения.

Всем известна печальная судьба члена Политбюро т. Вознесенского, ставшего жертвой репрессий Сталина. Характерно отметить, что решение о выводе его из состава Политбюро нигде не обсуждалось, а было проведено опросом. Также опросом были проведены решения об освобождении с занимаемых постов тт. Кузнецова и Родионова. Серьезно принижалась роль Политбюро ЦК, дезорганизовывалась его работа созданием различных комиссий внутри Политбюро, образованием так называемых «пятерок», «шестерок», «семерок», «девяток».

Вот, например, решение Политбюро от 3 октября 1946 года: «Предложение тов. Сталина. 1. Поручить Комиссии по внешним делам при Политбюро (шестерке) заниматься впредь наряду с вопросами внешнеполитического характера также вопросами внутреннего строительства и внутренней политики. 2. Пополнить состав шестерки председателем Госплана СССР тов. Вознесенским и впредь шестерку именовать семеркой. Секретарь ЦК И. Сталин». Что это за терминология картежника? (*Смех в зале.*) Ясно, что создание подобных комиссий – «пятерок», «шестерок», «семерок» и «девяток» внутри Политбюро подрывало принцип коллективного руководства. Получалось, что некоторые члены Политбюро отстранялись таким образом от решения важнейших вопросов.

В невыносимые условия был поставлен один из старейших членов нашей партии – Климент Ефремович Ворошилов. На протяжении ряда лет он фактически был лишен права принимать участие в работе Политбюро. Сталин запретил ему появляться на заседания Политбюро и посылать ему документы. Когда заседало Политбюро и тов. Ворошилов об этом узнавал, то каждый раз он звонил и спрашивал разрешения, можно ли ему прийти на это заседание. Сталин иногда разрешал, но всегда выражал недовольство. В результате своей крайней мнительности и подозрительности Сталин дошел до такого нелепого и смехотворного подозрения, будто Ворошилов является английским агентом. (*Смех в зале.*) Да, английским агентом. И к нему дома был подставлен специальный аппарат для подслушивания его разговоров. (*Шум возмущения в зале.*)

Сталин единолично отстранил также от участия в работе Политбюро и другого члена Политбюро, Андрея Андреевича Андреева. Это был самый разнузданный произвол. А возьмите первый Пленум ЦК после XIX съезда партии, когда выступил Сталин и на Пленуме давал характеристику Вячеславу Михайловичу Молотову и Анастасу Ивановичу Микояну, предъявив этим старейшим деятелям нашей партии ничем не обоснованные обвинения. Не исключено, что если бы Сталин еще несколько месяцев находился у руководства, то на этом съезде партии товарищи Молотов и Микоян, возможно, не выступали бы. Сталин, видимо, имел свои планы расправы со старыми членами Политбюро. Он не раз говорил, что надо менять членов Политбюро. Его предложение после XIX съезда избрать в Президиум Центрального Комитета 25 человек преследовало цель устранить старых членов Политбюро, ввести менее опытных, чтобы те всячески восхваляли его. Можно даже предполагать, что это было задумано для того, чтобы потом уничтожить старых членов Политбюро и спрятать концы в воду по поводу тех неблаговидных поступков Сталина, о которых мы сейчас докладываем.

Товарищи! Чтобы не повторить ошибок прошлого, Центральный Комитет решительно выступает против культа личности. Мы считаем, что Сталина чрезмерно возвеличили. Бесспорно, что в прошлом Сталин имел большие заслуги перед партией, рабочим классом и перед международным рабочим движением. Вопрос осложняется тем, что все то, о чем говорилось выше, было совершено при Сталине, под его руководством, с его согласия, причем он был убежден, что это необходимо для защиты интересов трудящихся от происков врагов и нападок империалистического лагеря. Все это рассматривалось им с позиций защиты интересов рабочего класса, интересов трудового народа, интересов победы социализма и коммунизма. Нельзя сказать, что это действия самодура. Он считал, что так нужно делать в интересах партии, трудящихся, в интересах защиты завоеваний революции. В этом истинная трагедия!

Товарищи! Ленин не раз подчеркивал, что скромность является неотъемлемым качеством подлинного большевика. И сам Ленин был живым олицетворением величайшей скромности. Нельзя сказать, что в этом деле мы во всем следуем ленинскому примеру. Достаточно хотя бы сказать, что многочисленным городам, фабрикам и заводам, колхозам и совхозам, советским, культурным учреждениям розданы у нас на правах, если можно так выразиться, частной собственности имена тех или иных государственных и партийных деятелей, еще здравствующих и процветающих. В деле присвоения своих имен различным городам, районам, предприятиям, колхозам многие из нас соучастники. Это надо исправить. (*Аплодисменты.*) Но делать это надо с умом, без торопливости. Центральный Комитет обсудит это дело и хорошенько разберется, чтобы не допустить здесь каких-либо ошибок и перегибов.

Я помню, как на Украине узнали об аресте Косиора. Киевская радиостанция обычно начинала свои радиопередачи так: «Говорит радиостанция имени Косиора». В один из дней радиопередачи начались без упоминания имени Косиора. И все догадались, что с Косиором что-то случилось, что он, наверное, арестован. Так что если мы всюду начнем снимать вывески и проводить переименования, то люди могут подумать, что с теми товарищами, чьи имена носят предприятия, колхозы или города, что-то произошло, что, наверное, и они арестованы. (*Оживление в зале.*) Чем у нас иной раз измеряется авторитет и значение того или иного руководителя? Да тем, что его именем названо столько-то городов, заводов и фабрик, столько-то колхозов и совхозов. Не пора ли нам покончить с этой «частной собственностью» и провести «национализацию» фабрик и заводов, колхозов и совхозов. (*Смех, аплодисменты. Возгласы: «Правильно!».*) Это будет на пользу нашему делу. Культ личности сказывается ведь и в такого рода фактах.

Мы должны со всей серьезностью отнестись к вопросу о культе личности. Этот вопрос мы не можем вынести за пределы партии, а тем более в печать. Именно поэтому мы докладываем его на закрытом заседании съезда. Надо знать меру, не питать врагов, не обнажать перед ними наших язв. Я думаю, что делегаты съезда правильно поймут и оценят все эти мероприятия. (*Бурные аплодисменты.*)

Товарищи! Нам нужно решительно, раз и навсегда развенчать культ личности, сделать надлежащие выводы как в области идейно-теоретической, так и в области практической работы. Для этого необходимо: во-первых, по-большевистски осудить и искоренить как чуждый духу марксизма-ленинизма и несовместимый с принципами партийного руководства и нормами партийной жизни культ личности, вести беспощадную борьбу против всех и всяческих попыток возродить его в той или иной форме. Восстановить и последовательно проводить во всей нашей идеологической работе важнейшие положения учения марксизма-ленинизма о народе как творце истории, создателе всех материальных и духовных богатств человечества, о решающей роли марксистской партии в революционной борьбе за преобразование общества, за победу коммунизма.

В связи с этим нам предстоит провести большую работу над тем, чтобы с позиций марксизма-ленинизма критически рассмотреть и поправить получившие широкое хождение ошибочные взгляды, связанные с культом личности, в области исторической, философской, экономической и других наук, а также в области литературы и искусства. В частности, необходимо в ближайшее время провести работу по созданию полноценного, составленного с научной объективностью марксистского учебника по истории нашей партии, учебников по истории советского общества, книг по истории гражданской войны и Великой Отечественной войны.

Во-вторых, последовательно и настойчиво продолжать проводимую в последние годы Центральным Комитетом партии работу по строжайшему соблюдению во всех партийных организациях, сверху донизу, ленинских принципов партийного руководства и прежде всего высшего принципа – коллективности руководства, по соблюдению норм партийной жизни, закрепленных Уставом нашей партии, по развертыванию критики и самокритики.

В-третьих, полностью восстановить ленинские принципы советского социалистического демократизма, выраженные в Конституции Советского Союза, вести борьбу против произвола лиц, злоупотребляющих властью. Необходимо до конца исправить нарушения революционной социалистической законности, которые накопились за длительный период в результате отрицательных последствий культа личности.

Товарищи! XX съезд Коммунистической партии Советского Союза с новой силой продемонстрировал нерушимое единство нашей партии, ее сплоченность вокруг своего Центрального Комитета, ее решимость выполнить великие задачи коммунистического строительства. (*Бурные аплодисменты.*) И тот факт, что мы сейчас во всей широте ставим принципиальные вопросы о преодолении чуждого марксизму-ленинизму культа личности и о ликвидации причиненных им тяжелых последствий, говорит о великой моральной и политической силе нашей партии. (*Продолжительные аплодисменты.*) У нас есть полная уверенность в том, что наша партия, вооруженная историческими решениями своего XX съезда, поведет советский народ по ленинскому пути к новым успехам, к новым победам. (*Бурные, продолжительные аплодисменты.*) Да здравствует победоносное знамя нашей партии – ленинизм! (*Бурные, продолжительные аплодисменты, переходящие в овацию. Все встают.*)

Печатается по тексту, опубликованному решением Политбюро ЦК КПСС в журнале «Известия ЦК КПСС», № 3, 1989 г.

Пунктуация и орфография документа в настоящем издании приведены к современным нормам.

ВОЗВРАЩЕНИЕ К ЧЕЛОВЕЧНОСТИ

Нина Хрущева

«Вот почему мы сейчас и протестуем против культа личности, потому что, если бы этого не было, если бы были демократические условия в партии, если бы сами не создавали культа личности <...> тогда в народе не создавали такого бога, тогда он сам был бы ограничен в своих возможностях. Чтобы не повторить ошибок прошлого, мы и выступаем против культа личности и считаем, что Сталина возвеличили не по заслугам, хотя в прошлом он и имел очень большие заслуги перед партией, рабочим классом и перед международным рабочим движением <...> Вся трагедия в том, что те злодеяния, которые были совершены при нем, под его руководством <...> Сталин все это делал в интересах рабочего класса, в интересах крестьянства, в интересах трудового народа <...> в интересах обеспечения победы коммунизма. Вот в этом трагедия».

Н. С. Хрущев «О культе личности и его последствиях»
(дополнения к докладу)

Для многих XX съезд остался в истории переломным событием – переходом от советского тоталитаризма к менее деспотической формуле власти, а Хрущев оказался «разгребателем грязи» – как и герой «Гостей» Леонида Зорина, знаковой пьесы начала «оттепели». И для будущих столпов советской номенклатуры – Михаила Горбачева, Евгения Примакова, Александра Яковлева и других, и для обычных людей, и особенно для интеллигенции его доклад о культе личности обозначил возвращение к человечности.

Виднейшие представители «поколения XX съезда» – драматург Зорин, поэт Евтушенко, скульптор Неизвестный и другие считали, что хрущевское выступление дало огромный толчок развитию общества. Поколения, пришедшие за ними, тоже видели в XX съезде кардинальный сдвиг, оказавший влияние на культуру, политику, на весь мир. При этом многие не приняли осуждения «культа личности». Это было связано с оценкой фигуры Сталина. Причем со временем число тех, кто склонен его превозносить, выросло: в 2021 году более 60% россиян положительно оценивало его место в истории – самый высокий процент за многие десятилетия. За последние пять лет их число увеличилось в два раза, с 28% до 56%. В глазах этих людей Сталин остается «великим вождем», а секретный доклад – «убийством» системы, построенной «отцом народов».

Журналист Елена Прудникова в книге «Сталин: Второе убийство» (якобы Сталина убили и в первый раз – физически) пишет: «Если бы не хрущевская экзекуция, то не дошли бы мы <…> до жизни такой, при которой каждый заезжий иностранец учит нас жить <…> Страна, лишенная высокого идеала, за несколько десятилетий сгнила на корню».

Националистическая газета «Отчизна» характеризует последствия доклада и самого Никиту Сергеевича в еще более резких выражениях: «О том, кто такой Хрущев, стало ясно <…> после того, что продолжатели его дела, тоже реформаторы, сотворили со страной и нашим народом в конце 80–90-х годов <…> Разоблачая Сталина, Хрущев руководствовался не интересами дела, а тщеславным стремлением Герострата, мстительным желанием втоптать в грязь вождя-титана, по сравнению с которым он – уродливый пигмей. <…> Сталинская казарма, выстроенная для того, чтобы спасти страну и народ от фашистского нашествия, отмерла бы со временем. Но это Сталин заложил прочный фундамент для всех последующих достижений СССР. <…> На этом фундаменте можно было построить процветающее и справедливое общество. Те, кто пришел после него, начиная с Никиты Кукурузника, этого сделать не сумели. Гниль в Хрущеве какая-то была. Поэтому и дети его оказались предателями».

Разоблачение Сталина противниками Хрущева объяснялось тривиально – как месть за якобы сына-предателя. Напомню, этот миф был сконструирован силами уже постхрущевского Кремля, которому нужен был своего рода «козел отпущения», повинный в ниспровержении вождя. Выдуманная от начала до конца история о предательстве Леонида оказалась простой, привлекательной и поэтому живучей. Если Хрущев действовал из мести, потому что Сталин уничтожил Леонида, значит, не было никакой особой доблести в его пусть несовершенной попытке направить советское общество в сторону большей открытости и меньшего произвола.

Зачем Хрущев сделал этот доклад? Не из личных мотивов, как утверждают те, кто хотят возвращения «отца народов» на щит государственности. Он не раз говорил о необходимости покаяния перед людьми и партией за пролитую сталинским поколением кровь. Свидетели этому и исторические документы, и воспоминания близких.

***

После июльского пленума 1955 года – того, на котором обсуждали Югославию, спорили с Молотовым и объявили созыв XX съезда, – Никита Сергеевич решительно продвигал десталинизацию. Количество дел о реабилитации, рассматриваемых Президиумом, продолжало расти. Среди них были дела наркома юстиции Николая Крыленко, обвиненного в связи с Бухариным в 1938 году, и Павла Постышева, когда-то секретаря Киевского обкома. Оба были не чужды «перегибам» в борьбе с «врагами народа», но, будучи жертвами «ежовщины», они становились героями на знамени разоблачения культа личности. 11 мая 1955 года Руденко доложил, что Крыленко осудили несправедливо – перед судом он отказался от полученного под пытками первоначального признания. Еще через неделю оказалось, что между предшественниками Хрущева в Киеве –

Постышевым и Косиором – не было никакого заговора. Тогда под вопрос встала вся чистка компартии Украины 1937 года, а с ней и арест Косиора, который Хрущеву пришлось утвердить при переводе в Киев в 1938-м.

Выступая на партийном собрании одного из ленинградских заводов 11 августа 1955 года, первый секретарь еще не был уверен, что надо широко осведомлять о прошлом партийные массы. Сталин много сделал для страны, сказал он собравшимся, но нельзя оправдать и недостатки. В его выступлении все опять сошлось на Берии и Ежове – «партия должна была быть над ними, а не они над партией». «Сталин, – продолжал он, – арестовывал невинных врачей, думая, что они травили людей, потому что враги подсовывали ему фальшивые документы».

Весь год чуть ли не ежедневно выходил очередной указ о снятии статуса «врага народа» с какого-нибудь известного коммуниста. 17 сентября 1955-го амнистировали советских граждан, сотрудничавших с оккупантами во время войны, а 1 октября оправдали членов Еврейского антифашистского комитета, не только ложно обвиненных, но и самооговоренных под пытками.

Между тем приближался день рождения Сталина – 21 декабря. Как праздновать юбилей тюремщика, жертвы которого выходят на свободу? На заседании Президиума 5 ноября Хрущев предложил отметить годовщину в прессе, но торжественных собраний не проводить. Булганин и Микоян были на его стороне. Каганович и Ворошилов возражали. Каганович подчеркивал сложность вопроса: «Я поддерживаю линию ЦК против культа личности. Расхождений у меня с тобой, товарищ Хрущев, нет. Но есть оттенок. Не намерен вести борьбу против тебя. Предлагаю лишь сформулировать решение, как отметить день рождения Сталина». Вождь унижал его, несмотря на абсолютную верность, но дань величию все же отдать надо, настаивал Каганович. Хрущев ответил горько: «Кадры перебили. Военных». В конце концов согласились праздновать в прессе, но без помпы.

21 декабря первая страница «Правды» опубликовала скромный портрет вождя к 76-летию со дня рождения, но сам разворот был посвящен присуждению премий его имени. Юбилейная публикация говорила больше о наградах, чем о юбиляре. Газета «Сталинец» (орган горкома КПСС города Молотов, сегодня – Пермь) отметила день рождения статьей «По пути коммунизма» на второй странице, но первая о Сталине молчала.

Уже через три дня, 24-го, решили оправдать известного латвийского коммуниста Яна Рудзутака. Он отказался от своих, полученных под пытками, показаний, после чего НКВД сфабриковал протоколы расследований, чтобы связать его «преступления» с Бухариным и Рыковым. Это дело ставило под сомнение показательные процессы 1937-го, хотя об этом пока молчали. Но уже не молчали о печальной судьбе многих делегатов XVII «Съезда Победителей» 1934 года.

Летом 1955-го Микоян поручил расследование дел расстрелянных партийцев Льву Шаумяну, редактору Большой Советской Энциклопедии и сыну Степана, друга Микояна по азербайджанскому подполью. (Старший Шаумян был одним из 26 легендарных бакинских комиссаров, казненных в 1918 году, самому Микояну этой участи удалось избежать.) Незадолго до этого отсидевшая 17 лет в лагерях за «контрреволюционную троцкистскую деятельность» Ольга Шатуновская, тоже знакомая Микояна по Баку, представила записку о нарушениях в расследовании убийства Кирова в 1934 году. В декабре 1955 года Анастас Иванович сообщил об этих отчетах Никите Сергеевичу. Тот тоже знал Шатуновскую по работе в столице в 1930-х, когда она занимала высокие посты в Московском горкоме партии и ее арестовали с согласия Хрущева в 1937 году. Высокопоставленные друзья Шатуновской – Шаумян и особенно Микоян – помогли ее освобождению в 1945-м, но свобода длилась недолго.

В марте 1954-го она из своей ссылки написала Хрущеву. К маю ее реабилитировали, у нее была квартира в Москве, машина, а затем и руководящая должность в Комитете партийного контроля, который по поручению первого секретаря занимался процессом реабилитации.

Между тем отношения между членами Президиума обострялись. Спорили о том, что и как говорить делегатам XX съезда. Предлагая проект отчетного доклада, Хрущев решил оспорить тезис о дальнейшем распространении мирового коммунизма через диктатуру пролетариата благодаря политике «мирного сосуществования». Новая мировая война, несмотря на существование империализма, объявлялась необязательной. В проекте содержалась и такая «крамола», как использование парламента вместо революции при переходе стран к социализму.

Молотов и Каганович были категорически против, но на стороне Хрущева выступили другие члены Президиума. Даже слывший консерватором Суслов согласился, что в гражданской войне больше нет нужды, а секретарь ЦК Петр Поспелов, автор «Краткого курса истории ВКП(б)» и многочисленных работ о Сталине, подтвердил, что Ленин когда-то говорил о мирном пути развития революции.

До съезда оставался месяц, и на последнем в уходившем году заседании Президиума 31 декабря Булганин зачитал письмо Шатуновской об обстоятельствах смерти Кирова. По ее словам, она узнала от одного из ленинградских чекистов, что лично Сталин жестоко допрашивал его убийцу Николаева. Ворошилов, не дослушав, воскликнул: «Ложь!» А Молотов сказал, что сам там был с одним из чекистов: «Мы беседовали втроем с Николаевым. Сталин при нас беседовал с ним. Ударов не было».

«Пахнет нехорошим», – заметил Хрущев, надо привлечь КГБ. Ответы могут быть в документах времен Ягоды и Ежова, согласились его коллеги. Тогда же для подготовки доклада к XX съезду и для изучения материалов НКВД, верховного суда и прокуратуры по делу о делегатах XVII съезда Президиум утвердил комиссию Поспелова. В нее вошли Аверкий Аристов от ЦК, Николай Шверник от профсоюзов, генеральный прокурор Роман Руденко, председатель КГБ Иван Серов и некоторые другие. Микоян сомневался в объективности Поспелова, но спорить не стал. Активно включился в ее работу и Хрущев, запрашивая все больше материалов с Лубянки.

В середине января Президиум одобрил шестой пятилетний план развития народного хозяйства СССР на 1956–1960 годы для отчета съезду. Он предлагал «более ускоренное развитие сельского хозяйства и промышленности, производящей товары народного потребления», но репрессии и реабилитации пока не упоминал.

Тогда же Хрущев получил письмо от уже полностью освобожденного Алексея Снегова, недавнего свидетеля по делу Берии. Снегов не только знал Хрущева, он когда-то дружил с прокурором Руденко на Украине, поэтому к его словам прислушивались. Он писал, что начиная с X «присутствовал на всех съездах партии». «На XVIII и XIX съездах я не мог присутствовать по известным вам причинам. Прошу предоставить мне возможность присутствовать на XX съезде, выдав мне постоянный гостевой билет». Был составлен список и других реабилитированных, которых Хрущев и Микоян собирались пригласить на съезд для восстановления партийной справедливости.

В конце января секретарь Челябинского обкома Михаил Соломенцев представил ЦК справку о 25 368 арестах 1937–1938 годов в Челябинске. Оказалось, что из 943 полностью проверенных дел обвинения подтвердились только в двух случаях. Чем ближе к съезду, тем больше появлялось ужасающих подробностей о чистках. Хрущев вспоминал, что для него и коллег по Президиуму, за исключением Молотова, Кагановича, Ворошилова и Микояна, эти материалы стали «полной неожиданностью». Это было преувеличением: он знал о зверствах НКВД и был знаком с подробностями дела Берии, но масштабы его потрясли.

23 января в Большом Кремлевском дворце началась очередная сессия Верховного Совета СССР 4-го созыва. В перерывах в комнате отдыха за сценой, за боржоми, чаем или чем-нибудь покрепче опять возникли споры в ответ на продолжающееся

давление Хрущева использовать материалы комиссии Поспелова в отчетном докладе ЦК XX съезду.

Продолжая получать леденящие кровь документы от Поспелова, Хрущев и Микоян уже были готовы противостоять несогласным членам ареопага. Осужденных было так много, что точечные реабилитации были каплей в море; реабилитировать нужно было всех, а значит, подключить к этой работе весь Президиум.

Анастас Иванович и Никита Сергеевич вместе гуляли по дорожкам Огарева чаще, чем обычно, – а они оба любили гулять. Мужчины что-то тихо обсуждали, иногда спорили, но старались не повышать голос. Прабабушка не вмешивалась – не ее стиль, но следила за подготовкой к съезду с волнением. Это был первый съезд ее мужа во главе партии, и он много значил для его репутации и авторитета. Единственное, что она спросила у него за завтраком в эти дни, – нельзя ли получить гостевой билет как старому члену партии. Прадедушка замялся: «Неудобно, мы стараемся как можно больше реабилитированных жертв сталинской несправедливости пригласить, и этому есть противники, так что нельзя просить и для членов семьи». Она больше не настаивала, но потом всю жизнь жалела, что не была «свидетелем того монументального съезда».

Не потому, что поддерживала. Прабабушка рассказывала, как за три года до этого Никита Сергеевич дома после ужина читал дело Берии. Толстенные коричневые папки раздувались от бумаг. Она просмотрела несколько страниц и отложила, не смогла: «Не может член партии быть таким зверем». Я спросила, как быть с теми, которые до этого были арестованы за тоже якобы ужасные преступления. «Это были враги». «Но их же потом реабилитировали». «Перегибы, но бдительность нужна». Много раз я пыталась обсуждать с ней сталинизм, но ответ был один: «Были отдельные проблемы». Кстати, Евгения Гинзбург, сама сидевшая в лагерях, считала «перегибы» виной Сталина, а не системы. Так же к ним относился свидетель Снегов.

Для усиления эффекта свидетельств о «перегибах» 1 февраля на разговор с Президиумом Хрущев вызвал из тюрьмы Бориса Родоса, бывшего следователя по особым делам НКВД. Начавший службу в эпоху Ежова и расцветший при Берии, Родос лично пытал режиссера Всеволода Мейерхольда и писателя Исаака Бабеля, а потом и самого Ежова. Он отвечал за «разоблачение» Косиора и Постышева и уничтожил многих делегатов XVII съезда.

Как же Родосу удалось их «разоблачить», поинтересовался Хрущев. Ему сказали «сверху», что они виноваты, и они стали виноваты. Сталин устранял неугодных ему людей руками чекистов, объяснил Родос. После такого признания Хрущеву было нетрудно заручиться согласием Президиума на расследование «военных процессов» 1937 года. Тогда же Руденко получил указание заняться делом маршала Михаила Тухачевского, командармов Иеронима Уборевича, Ионы Якира и других.

Даже закаленным жестокостью кремлевцам было не по себе от страшных деталей произвола судебной системы своей страны. Но они по-прежнему сомневались, нужно ли это говорить открыто всем гражданам СССР.

Член комиссии Аристов спросил с болью: «Товарищ Хрущев, хватит ли у нас мужества сказать правду?» Молотов, как всегда, возражал: «Сталина как великого руководителя надо признать <...> продолжателем дела Ленина». Каганович соглашался: «Многое пересмотреть можно, но 30 лет Сталин стоял во главе». Микоян прервал Молотова: «Нельзя в докладе сказать, что Сталин – продолжатель дела Ленина». Напирал и Булганин: «Партии нужно сказать всю правду», иначе руководство будет выглядеть дураком, «состав ЦК XVII съезда ликвидировал», значит, не может быть «великим продолжателем». Суслов поддакивал: «За несколько месяцев мы узнали ужасные вещи».

Маленков в общем согласился, но сказал неопределенно, что надо «правильно посмотреть на факты». Ворошилов был против публичного обсуждения: «Партия должна знать правду, но преподнести ее надо, как жизнью диктуется. Тот период диктовался обстоятельствами. Но страну мы вели по пути Маркса, Энгельса, Ленина, Сталина. Мерзости было много, правильно говорите, товарищ Хрущев. И доля Сталина в этом была, была <…> Но надо подумать, чтобы с водой не выплеснуть ребенка». Молотов не сдавался: «Правду восстановить надо. Но ведь правда и то, что под руководством Сталина победил социализм. И неправильности были, и позорные дела тоже – факт. Все надо соразмерить. Поэтому вряд ли успеем перед съездом сказать».

Хрущев подвел итог: даже без разоблачения на съезде массового террора сказать о Сталине надо – по его настоянию в 1934 году был принят декрет о борьбе с террором, а лимиты на аресты в 1937-м утверждались им лично. «Сталин, преданный делу социализма. Но вел это дело варварскими способами. Он партию уничтожил. Не марксист он. Все святое стер, что есть в человеке. Все своим капризам подчинял».

В эти дни Секретариат ЦК рассмотрел вопрос о гостевых билетах для «группы коммунистов, которые были в прошлом неправильно исключены из партии и ныне восстановлены в рядах КПСС», но только пять человек из «репрессированного» списка в конце концов пригласили на некоторые заседания. Не все решения, принимаемые наверху, поддерживались средним, и во многом еще сталинским, звеном бюрократии.

Между тем 3 января «Правда» опубликовала указ Президиума Верховного Совета СССР о присвоении Ворошилову звания Героя Социалистического Труда в честь его 75-летия. Маршала назвали «верным учеником великого Ленина», но Сталина не упомянули.

6 февраля еще одна комиссия ЦК, возглавляемая прокурором Руденко, представила в ЦК записку об отмене Указа Президиума Верховного Совета СССР от 21 февраля 1948 года «о направлении особо опасных государственных преступников по отбытии ими срока наказания в ссылку на поселение в отдаленные местности СССР». Документ рекомендовал отменить ссылки и вернуть к семьям (хотя и под надзор МВД) украин-

ских, литовских, латвийских, эстонских и других националистов, а «всех остальных лиц, находящихся в ссылке на поселении, от дальнейшего нахождения в ссылке освободить». Это открывало путь к возвращению домой и другим переселенным народам.

На заседании Президиума 9 февраля Поспелов целиком зачитал доклад «по установлению причин массовых репрессий против членов и кандидатов в члены ЦК ВКП(б), избранных на XVII съезде партии». К тому времени, после встреч со Снеговым и Шатуновской и полученной от комиссии чудовищной информации, Хрущев уже не сомневался, что на съезде придется каяться.

В докладе говорилось, что с 1935 по 1940 год было арестовано 1 980 635 человек, из которых 688 503 были казнены; приведены мрачные подробности о расправе с ЦК, избранным на «Съезде Победителей». В частности, во время расследования дела Постышева, арестованного за то, что он не поверил в троцкизм знакомых коммунистов, один следователь безуспешно жаловался Ежову на нарушение судебных процедур – все материалы о предполагаемом шпионаже подследственного были написаны без его ведома. Роль Сталина в этом деле не подлежала сомнению.

Историк Олег Хлевнюк эту версию оспаривает: Постышев не был ангелом, «однако <…> его расстреляли. Поэтому при Хрущеве слепили легенду о том, что он якобы вступил в конфликт со Сталиным, противостоял репрессиям <…> В речь Хрущева на XX съезде партии даже попал фрагмент о том, что на пленуме ЦК в 1937 году Постышев выражал сомнения в виновности одного из арестованных своих сотрудников: “Я этому не верю <…> Я себе не представляю, как можно пройти тяжелые годы с партией и потом в 1934 году пойти к троцкистам <…>” Правда, потом, когда открылись архивы и стали доступны стенограммы пленумов, выяснилось, что цитата была усечена. На самом деле Постышев продолжил фразу так: “Странно это. Какой-то у него червь был все время. Когда этот червь у него появился – в 1926 ли году, в 1930-м, это трудно сказать, но, очевидно, червь какой-то был, который какую-то работу проделал для того, чтобы он попал в стан врагов"».

Безусловно, вожди сначала выбирали нужных им врагов народа, а потом превращали их в героев для оправдания. Если смотреть на события из того времени, для кремлевцев не было никакого противоречия в реабилитации Постышева. Они тоже верили – и в саботаж, и во врагов народа, и в необходимость жестоких наказаний – пусть и не в сталинских масштабах.

В своем выступлении Поспелов проследил ключевые моменты организации чисток: приказ Сталина о введении чрезвычайных мер после убийства Кирова; предписание Ежову в сентябре 1936 года разобраться с четырехлетним отставанием в раскрытии заговоров; призыв к подготовке «нескольких смен» руководителей ЦК на февральско-мартовском пленуме в 1937-м; телеграмма от 10 января 1939-го, в которой «применение физического воздействия» названо «совершенно правильным и целесообразным методом».

Докладчик говорил размеренно, без выражения, но, по воспоминаниям Микояна, «в особенно тяжелых местах текста Поспелову было трудно читать, один раз он даже разрыдался». Чего стоило одно заявление, что «количество расстрелянных в 1937 году увеличилось по сравнению с 1935 годом почти в 300 раз!» Леденящий душу отчет был встречен подавленным и испуганным молчанием потрясенной аудитории. Когда к партийцам вернулся дар речи, мнения разделились.

Никита Сергеевич, Анастас Иванович и даже Георгий Максимилианович хотели раскаяния перед партией за преступления прошлого. Против опять выступала старая когорта – Молотов, Ворошилов и Каганович. Те, кто не так давно присоединились к кремлевской политической верхушке – Максим Сабуров, Михаил Первухин и Михаил Суслов, – в старых сталинских репрессиях не участвовали и поддерживали покаяние.

Микоян, Хрущев и заместитель председателя Совмина Первухин откликнулись первыми: «Что за вождь, если он всех уничтожает. Надо проявить мужество и сказать правду съезду».

Позднее и Микоян, и Хрущев напишут в своих воспоминаниях о намного более острой борьбе между двумя группами в руководстве, чем это излагалось в беспристрастных стенограммах. Раз уж машина завертелась и расследование началось, даже консерваторы соглашались, что сказать партии надо, но, по словам Кагановича, «сделать все с холодным умом». «Да, мы переживаем. Но, чтобы не развязать стихию, редакцию доклада преподнести политически <...> чтобы 30-летний период не смазать».

Сначала обсуждали, что, может быть, сам Поспелов выступит с докладом о причинах культа личности и вреде концентрации власти в одних «нечестных руках»; тогда же решили сделать это на заключительном заседании, открытом только для делегатов съезда. Булганин предложил «на два этапа роль Сталина разделить. На втором этапе Сталин перестал быть марксистом», поэтому не надо думать, что Сталин и партия – одно и то же. Маленков, хотя и одобрял выступление перед съездом, был невыразителен и нетверд: надо «не делать доклада о Сталине вообще», а лучше просто говорить о культе личности – «Мы этим восстанавливаем Ленина по-настоящему».

После споров договорились разослать членам Президиума ЦК КПСС, кандидатам в члены Президиума ЦК КПСС и секретарям ЦК КПСС неопубликованные документы Ленина – его «Завещание» и письмо по «национальному вопросу», в которых критиковались Сталин и его взгляды. Член комиссии Шверник суммировал мысли присутствующих: «Сейчас ЦК не может молчать, иначе – предоставить улице говорить».

Реабилитация шла медленно, но уже тысячи людей, вернувшись домой после многих лет, проведенных в ГУЛАГе, несли в народ свои истории о сталинских репрессиях. Хрущев искренне верил, что авторитет партии только усилится, если руководители сами скажут правду о преступлениях Сталина до того, как их заставят это сделать. Он мог себе это позволить: многие члены Президиума 1930-х годов были старше его по положению, а значит, больше связаны с кровопролитием. Поставив на повестку дня вопрос о культе личности, Хрущев получал мощное оружие против Молотова, Кагановича и Маленкова. Что же касается Микояна, тоже запачканного кровью, его восемь подписей под расстрельными списками все равно были в сотни раз меньше, чем 372 подписи Молотова, 188 Кагановича и 185 Ворошилова.

«Молодежь» – Аристов и Сабуров – подливали масла в огонь: «Молотов, Каганович, Ворошилов неправильную позицию занимают, фальшивят. Один Сталин, а не два. Это не недостатки, как говорит Каганович, а преступления».

Подводя итог заседания, Хрущев все же уменьшил градус напряжения: «Все мы работали со Сталиным, но это нас не связывает. Когда выявились факты, сказать о нем, или мы оправдываем действия. Не сбрасывать со счетов, что через 3 м[еся]ца после смерти Сталина арестовали Берия. И этим мы расчистили [путь] к действию. Мы можем полным голосом, можем сказать. Нам не стыдно. Не бояться, не быть обывателями, не смаковать. Развенчать до конца роль личности. На съезде доклад поставить».

С докладом решили, но докладчик определился только 13 февраля. Президиум заседал по поводу «Открытия Пленума ЦК КПСС» и постановил: «Поручить открыть Пленум ЦК КПСС первому секретарю ЦК т. Хрущеву Н. С. Внести на Пленум предложение о том, что Президиум ЦК считает необходимым на закрытом заседании съезда сделать доклад о культе личности. Утвердить докладчиком т. Хрущева Н. С.».

Микоян пишет, что он предложил выступить Поспелову, но Хрущев решил взять ответственность на себя. Сам Хрущев, наоборот, вспоминает, что другие настояли, чтобы по такому партийно-принципиальному вопросу выступил первый секретарь. Так как отчетный доклад не содержал никакой информации о культе личности, выступление Поспелова в конце съезда было бы воспринято как отдельное мнение, а не «генеральная» линия партии, которой антисталинизм к тому времени стал.

Единство партии было одним из незыблемых принципов, вбитым в сознание руководителей еще Лениным, и раскола они боялись, как чумы. Возможно, Хрущев сначала и предпочел бы, чтобы с отчетом выступил кто-то другой, поэтому вопрос решился не сразу. Мой дядя, Сергей Хрущев, уверяет, что взять на себя ответственность Никиту Сергеевича призывал Лазарь Моисеевич. Соратники наверняка хотели его риска, надеясь на провал.

Хрущев и сам бы рискнул; не зря он потом неоднократно вспоминал историю про еврейского сапожника Пиню. Эту историю, как шутку, с интеллектуальным сарказмом пересказывали в своих воспоминаниях и Михаил Ромм, и Эрнст Неизвестный. Якобы Хрущев ничего не читал, а тут прочел какого-то мелкого украинского писателя начала века, Владимира Винниченко, и только о нем и говорил. Но история с Пиней не была знаком плохого литературного вкуса первого секретаря, она была историей его понимания обязанности власти.

Так мне объяснял Михаил Шатров, который поговорил про Пиню с прадедушкой на нашей даче в Переделкино в 1969 году. Писатель спросил его про секретный доклад, а тот ответил рассказом про «маленького Пиню» – как его ради насмешки сделали в тюрьме старостой. Над ним издевались, никто его всерьез не воспринимал, но, когда все решили бежать из тюрьмы, первым идти никто не хотел: а вдруг с другой стороны подкопа, который они долго рыли, уже поджидают охранники с ружьями. Пиня говорит: «Я староста, я пойду». «“Так и я на XX съезде, – сказал мне Хрущев, – меня первым избрали, я первым и пойду, скажу правду, выведу из ГУЛАГа, как бы страшно это ни было”», – вспоминал Шатров.

Я тоже недавно прочитала этот рассказ, посредственный и совсем не смешной. Пиня жалок, но говорит там очень важную фразу: «Когда староста будет бояться, то кто не будет бояться, кто?» Он первым смело идет в прорытый подкоп и попадается конвоирам. Они забивают его прикладами, зато все остальные остаются живы.

В тот же день, 13 февраля, на открытии пленума, сославшись на «неоднократный обмен мнениями и изучение обстановки и материалов после смерти товарища Сталина», Хрущев объяснил, почему нужно сделать отдельный «доклад от ЦК о культе личности». Нет ли возражений, если он этот доклад сделает? Никто не возражал.

Первый секретарь рассчитал, что никто не потребует речи заранее – останавливала партийная дисциплина. Предыдущий ЦК теперь складывал полномочия до конца съезда, и он надеялся, что в случае разногласий ему будет проще получить поддержку у рядовых всесоюзных делегатов, чем у забронзовевших московских бонз.

Выступая в Большом Кремлевском дворце на открытии XX съезда 14 февраля 1956 года, Хрущев с ходу понизил статус Сталина: «Товарищи! В период между XIX и XX съездами мы потеряли трех самых известных лидеров коммунистического движения: Иосифа Виссарионовича Сталина, Клемента Готвальда и Кюити Токуду. Прошу вас почтить их память». Покойный вождь встал вровень с пьяницей Готвальдом и малоизвестным Токудой, лидером японской коммунистической партии в подполье.

В отчетном докладе Хрущев пока ничего не сказал об отце народов, хотя коснулся его культа личности: «ЦК решительно выступил против чуждого духу марксизма-ленинизма культа личности, который превращает того или иного деятеля в героя-чудотворца и одновременно умаляет роль партии и народных масс. <...> Распространение культа личности принижало роль коллективного руководства в партии и приводило иногда к серьезным упущениям в нашей работе».

Весь доклад, зачитанный в первый день, передавал атмосферу нового времени, времени Хрущева, как выбора среднего курса между крайностями догматизма и ревизионизма – Молотовым и Маленковым. Обещав построить за год 38 млн. кв. м жилья, а в следующее пятилетие – вообще 205 миллионов, первый секретарь раскритиковал тех (Маленкова), кто отказывался от первостепенного развития тяжелой промышленности на более поздних этапах советской экономики. Он также осудил ошибочные формулировки «некоторых» (Молотова) считающих, что в СССР «построены только основы социализма».

Хрущев также поспорил с тезисами Маркса о неизбежности войны как «повивальной бабки революции». Империализм больше не является единственной мировой системой, и именно создание социалистического лагеря укрепляет силы мира во всем мире, следуя принципу «мирного сосуществования» государств с различным социальным строем. Альтернативой будет «самая разрушительная война в истории».

Так Хрущев развил тему, за которую Маленкову влетело в 1954-м, но в отличие от маленковского «взаимного сдерживания», нам, сказал он, нужно просто сдерживание: СССР не надо вести агрессивную войну, поэтому сдерживать надо только империалистов.

Он отметил, что коммунизма теперь можно достичь мирными – даже парламентскими – способами. Насилие больше не единственный путь к изменению общества. Хрущев уделил большое внимание важности развития отношений Советского Союза с новыми государствами Африки и Азии и заметил, что существуют «разные пути к социализму»: например, Югославия и Китай не стали менее социалистическими, адаптировав свои системы к местным условиям вместо подражания Кремлю.

Касаясь внутренних вопросов, он отметил расширение полномочий союзных республик с 1953 года. Руссо-центрист при Сталине, первый секретарь теперь был заядлым интернационалистом, напомнив о ленинских принципах равноправия наций – социализм не должен стирать национальные различия. Через десять дней в «секретном» докладе он подтвердит важность прав нерусских национальностей, осудив выселения карачаевцев, чеченцев, ингушей, балкарцев и других за предполагаемое сотрудничество с нацистами; правда, промолчит о депортации немцев и крымских татар.

Разговор о культе личности не сходил со сцены съезда. На вечернем заседании 16 февраля Микоян раскритиковал отсутствие «коллективного руководства» в сталинском Кремле. Он разоблачил фальшивую репутацию вождя как «корифея языкознания» и знатока политэкономии и призвал историков пересмотреть сталинский «Краткий курс истории ВКП(б)», в котором лидеры революции были голословно объявлены «врагами народа», назвав этих «врагов» – Косиора и Антонова-Овсеенко – «товарищами». Изумленный зал шумел; началась суматоха. Позже Анастас Иванович вспоминал: «Я единственный подверг в своей речи принципиальной критике отрицательные стороны деятельности Сталина, что вызвало среди коммунистов шум и недовольство. Помню, когда кончилось мое выступление и объявили перерыв, ко мне подошел мой брат Артем, тоже делегат съезда, и сказал: "Анастас, ты зря эту речь сказал. Ты, по существу, был прав, но многие делегаты недовольны тобой, ругают тебя. Для чего ты так напал на Сталина, когда другие об этом не говорят? И Хрущев ничего подобного не сказал"».

Никита Сергеевич не зря взял на себя ведущую роль разоблачителя. Только главный партийный начальник мог дать новое определение прошлому и обозначить обновленные ориентиры развития страны. К слову, Микоян был не единственным, кто упоминал культ – о нем говорили и Суслов, и Маленков, и даже Молотов.

18 февраля Хрущев получил первый проект своего выступления, подготовленный Поспеловым и Аристовым, а 19-го он дополнил его своими объяснениями: «Вот что значит культ личности, возвеличенный до высоты какого-то сверхъестества, до положения всемогущего бога, только не такого, как рисуют верующие, а с копьем. Кто его затронет, тот сразу поражается

в сердце». Или это: «Сталинские премии. В истории человечества никакой царь-самодур не учреждал такие премии, которые учредил Сталин <...> назвал их "сталинскими премиями" и сам выдавал эти премии. Сам заставил написать себе гимн, где прославляет себя. Ни один царь этого не делал».

Тогда же текст речи на 83 страницах раздали другим членам Президиума для поправок и добавлений; работа над ней продолжалась всю первую неделю заседаний. А 23 февраля проект доклада «О культе личности и его последствиях» получили все члены и кандидаты в члены Президиума и секретари ЦК КПСС.

Официальная часть съезда закончилась 24 февраля избранием членов и кандидатов в члены ЦК и членов Ревизионной Комиссии. Выбирали простым голосованием: количество мест на количество членов или кандидатов, иногда голосовали против. В тех выборах Хрущев получил один голос против из 1341 заполненных делегатами съезда бюллетеней; Маленкова забраковали три.

Эти выборы в Центральный Комитет и его Секретариат отразили продолжающийся сдвиг ядра политической власти от главного госаппарата к территориальному и партийному – основной опоре Хрущева. Региональной бюрократии был близок его простецкий и неформальный характер. Его личность – свой, не догматик, не будет диктовать – создавала в глазах аппаратчиков из глубинки благоприятные условия для работы. Состав Президиума оставался тем же, но близкий к Хрущеву министр обороны, несгибаемый маршал Жуков стал кандидатом в члены ЦК. Брежнева и Фурцеву, тоже людей Хрущева, избрали в Секретариат. (Тогда Фурцева была самой высокопоставленной женщиной в партийной иерархии, но, вопреки неумирающим слухам, широко растиражированным бульварным опусом Ларисы Васильевой «Кремлевские жены», не потому, что была любовницей Хрущева. Не была.)

В последние дни съезда возобновились баталии по поводу доклада. Члены президиума получили доработанный текст, и тех, кто был против осуждения «культа личности» – Молотова, Кагановича, Ворошилова, добавления не впечатлили. Много лет спустя в своих воспоминаниях Каганович писал, что решение о «секретном докладе» пришло в последний момент: «Трудно было за короткое время прочесть эту объемистую тетрадь и обдумать ее содержание, чтобы по нормам внутрипартийной демократии принять решение <…> предполагалось собрать после XX съезда Пленум ЦК и заслушать доклад комиссии с соответствующими предложениями. Именно об этом и говорили товарищи Каганович, Молотов, Ворошилов и другие, высказывая свои возражения <…> Мы говорили, что даже беглое ознакомление показывает, что документ односторонен, ошибочен. Деятельность Сталина нельзя освещать только с этой стороны, необходимо более объемистое освещение всех его положительных дел, чтобы трудящиеся поняли и давали отпор спекуляции врагов нашей партии и страны на этом. Обсуждение затянулось, делегаты волновались, и поэтому без какого-либо голосования его свернули и пошли на съезд. Там объявили о дополнении к повестке дня, предложили заслушать доклад Хрущева о культе личности Сталина».

Такая версия событий противоречит документам и даже собственной, менее воинственной позиции Кагановича на обсуждениях 9 и 13 февраля. Но она в определенной мере поддерживается мемуарными рассказами Хрущева и Микояна. Предложения сделать доклад на следующем съезде, не торопясь, действительно были, но Хрущев считал, что «на 21-м уже будет поздно, если мы вообще сумеем дожить до того времени и с нас не потребуют ответа раньше». Хрущев сказал, что, если Президиум откажется обсуждать этот вопрос сейчас, он выступит с собственной точкой зрения как делегат из зала, так как «во время съезда внутренняя дисциплина, требующая единства руководства среди членов Центрального комитета и членов Президиума ЦК, уже не действует».

Микоян и Хрущев пишут, что решение разоблачать культ личности на последнем заседании действительно возникло в последний момент, а не на предыдущих совещаниях. Видимо, дебаты были такими напряженными, что у всех осталось впечатление о неожиданности выступления, хотя стенограммы заседаний Президиума говорят об обратном: договоренность существовала с начала февраля.

Неопределенность и опасность провала довлели над Хрущевым все эти дни. По свидетельству сына Сергея, он говорил, что боялся ареста. Молотов обдумывал, как бы остановить первого секретаря, но не решился: «Не готова была партия к этому. Нас бы просто вышибли <...> Если бы мы встали, никто не поддержал бы. Нет, никто». Его соратники – Каганович и Ворошилов – даже не собирались восставать. Молотов, как и все коммунисты ленинско-сталинского поколения (и не только), боялись быть в оппозиции, и поддержка первого лица – даже неуважаемого и ненавистного – по законам вертикали власти была и остается священной.

25 февраля утром Булганин предоставил слово тов. Хрущеву, который произнес свою четырехчасовую речь перед делегатами съезда. Основной смысл заключался в следующем: с годами недостатки Сталина превратились в «серьезные злоупотребления властью». Массовые репрессии начались тогда, когда в СССР был в основном построен социализм, эксплуататорские классы ликвидированы, а социальная структура общества исключала создание враждебных партий, так как идеологические враги были давно разгромлены. Хрущев говорил об убийстве Кирова, которое послужило оправданием для усиления чисток в партии и НКВД.

Он коснулся и ответственности «членов Политбюро», объяснив, что те не знали полностью методов правления Сталина. Они не были знакомы с деталями протоколов признательных показаний; с тем, что обвиняемые от них отказывались или что признания были получены под пытками. «В первое время многие активно поддерживали Сталина, потому что Сталин является одним из сильнейших марксистов и его логика, сила и воля оказывали большое воздействие на кадры, на работу партии», – оправдывался Хрущев. В его рассказе об отношении вождя к Молотову, Микояну, Кагановичу, Маленкову, Ворошилову, Булганину и к самому себе соратникам отводилась одна из трех ролей, объясняющая их прошлое бездействие: бессильные свидетели злоупотреблений Сталина, покорные исполнители его воли или возможные жертвы его гнева.

Чистки 1930-х мешали движению страны к социализму, ухудшали ее обороноспособность, – увлекался рассказом первый секретарь. Сталин разорвал отношения с Югославией из-за маниакальной подозрительности, думая, что может уничтожить Тито мановением пальца. Хрущев говорил о войне, о том, что Черчилль предупреждал Сталина о Гитлере, а тот от страха проморгал наступление. Он вспомнил погибшего в Киеве генерала Кирпоноса, упомянул разгром Харькова и сказал, что заслуги Жукова намеренно преуменьшались. Сталин вел войну «по глобусу», а деревню знал из кино, показывавшее «лакирующее положение в сельском хозяйстве», утверждал он. (Действительно, смотря фильмы того времени – особенно «Кубанские казаки» Ивана Пырьева (1949), – невозможно не радоваться сытой и сердечной колхозной жизни.)

Многие эпизоды и выражения были собственными, более образными, поправками Хрущева к фактическому тексту, подготовленному комиссией. Съездовской стенограммы не сохранилось, и у нас осталась версия, которую получили руководители зарубежных компартий 27 февраля, а 1 марта – члены и кандидаты в члены Президиума и секретари ЦК. После выступления Каганович критиковал Хрущева за отход от согласованного текста; тот возразил, что имел право высказать свое мнение.

Реакция зала была подавленной, неодобрительной и молчаливой, и по свидетельству самого Хрущева, и по описанию Александра Яковлева, тогдашнего инструктора ЦК и будущего «прораба перестройки». В опубликованной брошюре некоторые места отмечены «долгими и продолжительными аплодисментами», которых на самом деле не было. Их добавили позднее – как дань советской традиции поддержки «линии партии».

Для большинства присутствующих детали доклада были неожиданными, ломающими их прежние представления о мире, как это было для 30-летнего Яковлева. Этот доклад через много лет привел его к горбачевской перестройке и формулировкам «нового мышления». Для других, как Константин Симонов, сказанное было «похоже на правду». Симонов вспоминал, что «чтение было тяжкое, записи <...> свидетельствовали о болезненно психическом состоянии Сталина, о его подозрительности и жестокости, граничащих с психозом».

Этот первый удар по сталинизму был далеко не полным. Речь призывала делегатов разоблачить культ, но не раскачать партию. Отсюда и упор на личности – сначала на Берию, теперь на Сталина. Но тогда доклад не мог быть другим, поскольку страстный коммунист Хрущев безгранично верил в справедливость советской системы. Как многие люди его поколения, он пронес эту веру через всю жизнь. Она исключала признание ошибочности ленинизма и была источником той двойственности, с которой Хрущев отзывался о Сталине: несмотря на «культ личности» – «активный борец за претворение в жизнь ленинских заветов», «теоретик марксизма-ленинизма»... Невзирая на страстные споры с Молотовым во время подготовки доклада, окончательные формулировки не так уж и отличались от предложенных старым сталинистом.

Еще одно важное обстоятельство: для всех руководителей той поры – и безусловных сталинцев, и тех, кто вождя осуждал, – «массовый террор» означал только одно: истребление кадров партии, руководящей силы строительства коммунизма. О массовом уничтожении народа – от голода, колхозного беспредела или нечеловеческих условий труда – они думали меньше. Никто из кремлевцев не сомневался, что, если бы не истребили выдающихся партийцев, СССР был бы лучше, а значит, и жизнь советских людей. Не зря на заседании Президиума

9 февраля Микоян возмущался: «За провал в с[ельском] х[озяйст]ве разве можно простить? Если бы люди были живы – успехи были бы огромны». А Первухин обвинял вождя в «узурпации власти»: «ликвидировал ЦК, ПБ. Кадры истреблял – мы по тяжелой пр[омышленнос]ти темпы потеряли».

Австриец Сигизмунд Герберштейн еще в XVI веке написал, посетив Россию: «Трудно понять, то ли народ по своей грубости нуждается в государе-тиране, то ли от тирании государя народ становится таким грубым, бесчувственным и жестоким». И все же, пусть ограниченный, доклад был пронзительным, равно как и храбрость самого докладчика, «маленького Пини». Он отвечал тем, кто хотел замалчивать ужасы сталинизма и беспредела секретных служб, только ослабив их внешние проявления, как того хотел Георгий Максимилианович, если бы его не потеснил Никита Сергеевич. Хрущев надеялся, что зло культа больше не повторится; верил, что, представив факты о произволе, который творил карательный аппарат, в аудитории руководящих партийцев, он заставит измениться тех, кто пока поддерживал прошлое.

Лидер итальянских коммунистов Пальмиро Тольятти заметил, прочитав эту речь: «Раньше все хорошее происходило благодаря сверхчеловеческим качествам одного человека; теперь все зло приписывается его столь же исключительным и шокирующим недостаткам <…> Реальные проблемы упускаются из виду, как и почему советское общество <…> могло – и действительно отошло от избранного им пути демократии и законности до точки вырождения».

Несмотря на эту критику, в августе один из секретарей компартии Италии Джан Карло Пайетта в беседе с Хрущевым передал слова своего руководства о том, что «объявление новых фактов <…> явилось бы излишним», хотя они и одобряют решение «коренным образом исправить недостатки, вытекающие из культа личности». Так что еще больших потрясений опасались все.

Хрущева долгое время осуждали за то, что он не реабилитировал Бухарина и других. Он объяснял это так: «В вопросе об открытых процессах тоже сказалась двойственность нашего поведения. Мы опять боялись договорить до конца. Не вызывало никаких сомнений, что эти люди невиновны, что они жертвы произвола. Но на открытых процессах присутствовали руководители братских партий, которые потом свидетельствовали в своих странах справедливость приговоров, мы не хотели дискредитировать их и отложили реабилитацию Бухарина, Зиновьева, Рыкова и других на неопределенный срок. Но, видимо, правильнее было бы договаривать до конца».

Это не было лицемерием. И Тольятти в Италии, и Морис Торез во Франции были намного более зависимы от мнения своих избирателей, чем первый секретарь в Кремле. Компартии западных стран хуже советских коммунистов переносили перетряски в СССР. В докладе Хрущев объяснял пособническое поведение, свое и коллег, смертельным страхом. У европейских коммунистов такого оправдания не было.

Уже после отставки, в 1968 году, прадедушка пришел на спектакль театра «Современник» по пьесе Шатрова «Большевики». Мама дружила с Шатровым и попросила у него билеты. Нина Петровна идти не хотела – боялась, что обругают, – но, когда они вошли в зал, зрители встали и начали аплодировать. «Видишь, я же говорил, все будет хорошо». В перерыве их пригласил в кабинет режиссер Олег Ефремов. Главным героем пьесы был Яков Свердлов, которого играл Игорь Кваша, и, конечно, и режиссер, и актеры, и особенно драматург хотели узнать из первых уст, правильно ли они изобразили большевиков. Заговорили о Рыкове и Бухарине. Хрущев сказал, что старая гвардия была уничтожена «просто так» и что показательные процессы не доказали никакой вины. «Надо было их реабилитировать, но европейские коммунисты испугались. Столько было сопротивления, мы бы не вытянули. Я виноват, особенно с Бухариным». Он вспомнил, что восхищался этой «совестью партии» еще во время гражданской войны. (Но ничего не сказал о том, что сам громил Бухарина в речах, когда был секретарем московского горкома.) Присутствующие были потрясены, услышав такую крамолу. На следующий день и Ефремова, и Шатрова, и Квашу вызвали в отдел кадров. Их по отдельности допрашивал человек из органов, а они все уверяли, что Хрущев остается «верным коммунистом», и ни слова не сказали о процессах, Бухарине и его невиновности.

А еще через 20 лет, во время перестройки, мама познакомилась с Пайеттой и даже навещала его в Риме. Он подтвердил версию Хрущева об опасении европейских коммунистов, что разоблачение показательных процессов негативно скажется на их партиях. Итальянец объяснил, что постоянное советское метание между «врагами – не врагами» очень затрудняло рекрутирование коммунистов в Европе. Он был сторонником «мильоризма» – эволюционных реформ, улучшающих капитализм, и объединения международных сил, поэтому считал, что надо избегать кризисов, а не создавать их.

Все же Тольятти был прав, критикуя недостатки осуждения «одной личности». Никита Сергеевич вспоминал и предупреждение Черчилля: «“Нужно дать народу время переварить то, что вы сообщили, иначе это обернется против вас” <…> Старая лиса Черчилль боится, что если в результате наших неумных действий мы будем отстранены от руководства страной, то к власти придет правительство, которое возвратится к сталинским методам резкой нетерпимости. Я сказал Черчиллю: “Мы это учтем”».

Черчилль имел в виду другое. Англия, страна с многовековым имперским мышлением, настаивающая на своем цивилизационным превосходстве, в то время начала избавляться от многочисленных колоний. Британец видел, как тяжело дается отказ от геополитического эгоцентризма. А советское общество, если и готово было отказаться от репрессий, свято верило в абсолютизм власти, что, кстати, показала и сама речь Хрущева, которая, вскрыв последствия, не сумела честно осознать причины культа.

Кремлевцам в голову не приходило искать в кровавом революционере Ленине начало сталинского террора. Отчет Поспелова утверждал: «Был полностью исторически оправдан массовый красный террор против буржуазии и других враждебных классов в 1918–1919 гг., когда судьба молодой Советской Республики не раз висела на волоске, когда мы вели тяжелый, смертельный бой с полчищами интервентов и белогвардейцев, с кулацкими мятежами». И компромиссный, хоть и зарекомендовавший себя когда-то в Баку безжалостным борцом, Микоян во время обсуждения культа не преминул подчеркнуть, что «не осуждает Сталина, когда вели идейную борьбу с троцкистами».

Многие годы казалось, что массово-положительное возрождение симпатии к фигуре Сталина было заложено самим ее разоблачителем, который не покаялся за все преступления большевиков и оставил неизменным режим с диктатом одной партии. Якобы он заклеймил симптом, а не систему. Но 70 лет спустя очевидно, что глубокие корни сталинского феномена не в Иосифе Виссарионовиче, а в самой идее «вождя», в «вождизме»: ведь перестройка сумела разоблачить советскую систему, ее уже нет, а сталинизм и его вертикаль – живее всех живых.

Сегодня сталинизм оправдывают «внешними и внутренними факторами», как когда-то Микоян оправдывал кровавую борьбу с Троцким. В советский период сильная рука Сталина была обусловлена «известной по предшествующим этапам российской истории необходимостью выживания и развития в ситуации "осажденной крепости" (угроза внешней агрессии в сочетании с дефицитом времени и значимых для развития ресурсов). В этих условиях формирование жесткой милитаризованной политической системы выступало инструментом решения чрезвычайных задач в чрезвычайных обстоятельствах». Кроме того, «итогом сталинских чисток стало формирование нового управленческого класса, адекватного задачам модернизации в условиях дефицита ресурсов, – безусловно лояльного верховной власти и безупречного с точки зрения исполнительской дисциплины». Это я цитирую учебник Александра Филиппова «История России. 1945–2007» для 11-го класса, изданный в 2007 году по заказу Кремля.

Против непреходящего контроля карательного аппарата и вечного культа сильной руки Россию не спасет никакой Хрущев.

После XX съезда Москва кипела: делегаты с правом голоса и без, выслушав речь, имевшую эффект разорвавшейся бомбы, вернулись домой с ее осколками – веры, убеждений, оценок прошлого. На брошюрке с текстом доклада пока стоял гриф «совершенно секретно», но о нем говорили все – секретом он не был.

Через несколько дней Микоян пригласил к себе в кабинет Светлану Аллилуеву и отдал ей свою копию речи Хрущева. Зашел и сам докладчик, чтобы лично ее заверить, что все сделано на благо партии и она сама никаких неудобств не испытает. Утешить это ее, конечно, не могло, но и гадостей она про Хрущева особенно не говорила, даже позже, когда он был в отставке, а она в эмиграции.

Есть разные версии о том, как разоблачительный текст попал на Запад. Райнхард Гелен, руководивший западногерманской разведкой, уверял, что именно его служба выкрала документ из Кремля. Московский корреспондент британского агентства Рейтер Джон Ретти якобы узнал о деталях доклада от некоего Кости Орлова, агента КГБ. По другой версии, доклад был в номере у главного польского коммуниста Болеслава Берута. Когда он неожиданно умер в Москве 12 марта, помощница перевезла его бумаги в Варшаву. Там доклад попался на глаза ее другу, журналисту Виктору Граевскому, который переправил его в израильский Моссад, таким образом сделав им имя. «Либеральный» Пономаренко вообще считал, что Хрущев сам отдал доклад в западные руки, чтобы дискредитировать и унизить СССР. Так же думал и сын Маленкова. Он настаивал, что его отца просто вынудили согласиться с хрущевскими тезисами.

Так или иначе, текст речи был опубликован летом во французской «Ле Монд» и в «Нью-Йорк Таймс». Когда посол США

Чарльз Болен спросил Хрущева о подлинности доклада, тот отрезал: «Переводы, опубликованные за границей, не соответствуют действительности». Но сам факт доклада он не отрицал. Более того, приехав на похороны Берута в Варшаву, 20 марта Хрущев выступил на VI пленуме Польской объединенной рабочей партии и повторил тезисы своего выступления на съезде. Он призвал поляков поступить со сталинизмом по примеру КПСС: обсудить речь среди партийной иерархии, не теряя контроля над процессом. В Польше ее действительно подробно обсуждали, и не только правящая элита, но вместо упорядоченной смены лозунгов братские коммунисты пришли в состояние идеологического брожения. Многие впервые почувствовали свободу критиковать руководство КПСС, потому что недостатки Сталина обнажали и недостатки системы.

Никита Сергеевич верил, что правда и покаяние победят разброд и шатание. Президиум ЦК постановил, что в СССР с докладом «О культе личности и его последствиях» необходимо «ознакомить всех коммунистов и комсомольцев, а также беспартийный актив рабочих, служащих и колхозников», сняв с него гриф «совершенно секретно». То есть о правде ГУЛАГа узнали все члены партии – тогда семь миллионов человек, 18 миллионов комсомольцев и еще миллионы тех, с кем они поделились.

Проблема этой первой «гласности» была не в секретности, а в требовании начать думать по-новому сразу и по распоряжению из Кремля. Доклад распространялся для «ознакомления», а не для «обсуждения». Верхи, привыкшие монопольно изрекать истину и спускать сверху пятилетние планы, норму выпуска галош или стиль создания музыки, ожидали, что низы заклеймят образ Сталина согласно последней версии «генеральной линии» партии так же послушно, как они его раньше превозносили.

Доклад все же обсуждался: и на партийных, и на профсоюзных собраниях, и даже в лагерях. Вспомним Александра Галича:

Как-то ночью странною
Заявился к нам в барак
«Кум» со всей охраною…
Малосольный огурец
Кум жевал внимательно.
Скажет слово и поест,
Морда вся в апатии,
«Был, – сказал он, – говны, съезд
Славной нашей партии…
Но особо встал вопрос
Про Отца и Гения».
Кум докушал огурец
И закончил с мукою:
«Оказался наш Отец
Не отцом, а сукою».

Широта круга участников обсуждения зависела от местных начальников; некоторые не знали, как отвечать на острые вопросы, и поэтому стремились ограничить дебаты. Секретарь Владимирского обкома партии жаловался, что еле-еле отбивается от вопросов на партийных собраниях. Рядовые коммунисты начали поднимать такие неудобные для партии темы, как многопартийная демократия и свободные выборы.

«Почему же, – спрашивали они, – не могли противостоять этому произволу тт. Хрущев, Молотов, Ворошилов, члены партии? Почему же они положили Сталина рядом с Лениным? Как понимать, что товарищ Хрущев предложил съезду почтить память Сталина? Какие меры приняты ЦК для предотвращения <…> самовозвеличивания со стороны отдельных авантюристов и перерожденцев, как это было со Сталиным?»

Особенно волновалась интеллигенция: в Ленинграде, в поселке физиков в Дубне, в московской Академии Наук… «Разве приписывание всех ошибок тов. Сталину не есть культ личности? <…> Не является ли данью культу личности мнение, что один Сталин мог сломить волю большинства партии?» – спрашивали одни. «Мы и сейчас повторяем культ личности, возвеличивая Хрущева», – говорили другие. «У нас такое положение, когда собственность принадлежит народу, а власть – <…> кучке прохвостов», – настаивали третьи. Четвертые вопрошали: «Чем было наше государство в продолжение почти 30 лет: демократической республикой или тоталитарным государством? <...> Не способствует ли культу личности однопартийность и почти полное слияние органов власти и партийных органов?»

Хрущев предусмотрительно предупреждал в докладе: «Мы должны со всей серьезностью отнестись к вопросу о культе личности. <…> Но надо знать меру, не питать врагов, не обнажать перед ними наших язв». И теперь выступающих с критикой коммунистов осуждали, как «неправильно понявших линию партии», некоторых исключали из КПСС или увольняли с работы. Появились и первые политические психушки – тех, кто требовал более последовательного разоблачения сталинских преступлений, объявляли душевнобольными.

Обсуждали доклад и в маминой школе. Классная руководительница была человеком прогрессивным и, чтобы проникнуться моментом всеобщей критики, повела их выпускной класс в мавзолей Ленина – Сталина. Около свежемумифицированного желтого лица вождя народов Юля слышала, как посетители шипели проклятия в его адрес; кто-то тихонько, чтобы не заметила милиция, плюнул ему в гроб; одна немолодая женщина истово перекрестилась, как на икону.

Потом в школе Юлю, как близкую к «источнику», вызвали к доске для разъяснения отдельных пунктов доклада – как бороться с культом личности в будущем, почему члены политбюро не сумели остановить сталинский произвол. Она краснела и молчала, так как дома ни культ, ни доклад не обсуждали. На помощь пришла Нина Буденная, сказав, что Семен Михайлович настаивал на ознакомлении с докладом, а не с дебатами по его поводу. Буденные разоблачения Сталина не поддерживали, но и против нового курса не выступали. После этого собрания у мамы навсегда пропала способность публичных выступлений. Она говорила, что теперь смертельно, до полного ступора, боялась оказаться в ситуации, когда на тебя прет толпа, требуя ответов.

В районной партийной ячейке прабабушки обстановка была совсем другая. Им зачитали доклад, но никого обсуждения не было. Все выслушали угрюмо и послушно. Выходили из комнаты молча, но Нину Петровну попросила остаться партсекретарь. Она хотела узнать у старшего товарища, чего ждать дальше. «Передайте, пожалуйста, Никите Сергеевичу, что нам нужны более развернутые разъяснения. Мы не знаем, что говорить рядовым членам партии. Партийный аппарат напуган и сбит с толку». Эта женщина не могла поверить, что для прабабушки доклад был такой же неожиданностью, как и для всех остальных.

«Ты передала?» – спросила я после ее рассказа. «Да, – ответила она, – я не была на съезде и продолжаю об этом жалеть, но сказала Никите Сергеевичу, что это ошибка. Нельзя подвергать таким испытаниям веру в ЦК КПСС». «Партия, люди должны знать правду», – не согласился он. И все же до конца жизни сомневался, правильно ли поступил, хотя все равно считал разоблачение Берии и Сталина самыми большими своими достижениями.

Многие были на стороне Нины Петровны, расценивая такие откровения как «позор для государства» и даже отказывались верить фактам, которые изложены в закрытом письме. Не раз звучало следующее утверждение: «Сталин воспитал меня с детского возраста на своих идеях, и я от этих его идей не откажусь и сейчас». В годовщину его смерти 5 марта в Грузии, особенно в Тбилиси и Гори, начались многодневные массовые беспорядки с требованиями реабилитировать Сталина и Берию и вывесить в грузинских городах их портреты. «Верните нам Сталина», – скандировали тысячи его соотечественников. Были даже призывы о выходе Грузии из состава СССР. Восстание было подавлено танками, многие арестованы, несколько человек убиты.

Фактически государство одинаково (правда, с разной степенью жестокости) расправлялось с теми, кто поддерживал доклад, и с теми, кто ему возражал. Неудивительно, что двойственность оценок прошлого до сих пор продолжает раздирать российское общество.

Но, даже учитывая эти метания и недостатки, решения XX съезда определили будущее развитие страны и изменили международные отношения. Политика «разрядки напряженности» дала перспективы миру не меньше, чем официальный отказ СССР от практики и методов «культа личности». Однажды выведя Советский Союз из той тюрьмы, в которую его поместил Сталин, Хрущев дал надежду на будущее освобождение России от ее губительного очарования вождями.

II. РАЗНЫЙ СТАЛИН В 3D

РЯДОМ С ВОЖДЕМ И ВДАЛИ ОТ ВОЖДЯ

Имя Бориса Георгиевича Бажанова (1900–1982) долгое – советское – время было под негласным запретом. О нем не писали, не упоминали СМИ, как будто его вообще не существовало. Его мемуары в СССР не пытались опровергнуть, решив, что тактика замалчивания будет лучше каких-либо опровержений. Однако в ряде стран Европы его книга «Воспоминания бывшего секретаря Сталина» стала настоящим бестселлером и выдержала множество изданий.

Сталин, казалось бы, не был таинственной фигурой, но все сведения о нем, о его жизни и карьере исходили исключительно из официальных источников, за которыми стоял сам вождь, решавший, что можно и нельзя выносить на публику из его биографии. Такой личный «краткий курс истории вождя», написанный и утвержденный самим вождем.

Игрой случая молодой человек 23 лет, приехавший в Москву из Украины и продолжавший учебу в Высшем техническом училище, попал на рядовую работу в Орготдел ЦК партии. Продвижению Бажанова в ряды номенклатуры помогла… безграмотность заведующего отделом – Лазаря Кагановича, которому надо было написать статью для первой полосы одной из газет. Каганович отказался, сославшись на занятость, хотя истинная причина заключалась в другом – он малограмотен и писал с ошибками. Тут на выручку и пришел молодой сотрудник, написавший удачный материал за начальника.

Каганович сделал Бажанова своим секретарем, а в 1923 году порекомендовал его на должность секретаря Оргбюро ЦК. Следующая ступень была еще серьезнее: Сталин подыскивал себе нового личного секретаря, и вновь Каганович посоветовал ему Бажанова как грамотного и ответственного человека, который всегда качественно выполняет работу.

Так Бажанов обрел нового начальника, став одновременно и секретарем Политбюро ЦК – высшего партийного органа власти. Секретарство при столь важной инстанции не давало, конечно, возможности участвовать в принятии каких-либо политических решений, но позволяла видеть изнутри все партийные процессы, лично познакомиться со всеми членами Политбюро, наблюдать за ними и их взаимоотношениями, слышать неофициальные разговоры.

Обладая всей этой информацией, Бажанов вскоре стал убежденным антикоммунистом. К 1927 году в его благонадежности засомневались органы госбезопасности: сам Генрих Ягода, фактически руководивший уже в то время ОГПУ, установил за Бажановым слежку. Однако арестовать сталинского секретаря пока что не мог – не было никаких улик…

Бажанов не стал ждать, когда Ягода соберет на него неоспоримое досье, и в конце

1927 года, чувствуя дамоклов меч над своей головой, отпросился в командировку в Туркмению. Затем, перейдя границу с Персией, он через Индию перебрался в Париж. ОГПУ попыталось достать его там, но небезызвестный Яков Блюмкин задание провалил.

Бажанов пережил еще несколько неудачных покушений на себя и только после смерти Сталина мог больше не опасаться за свою жизнь. До глубокой старости он жил за счет скромных журналистских гонораров и денег от издания своих мемуаров.

Свои мемуары под привлекательным названием «Со Сталиным в Кремле» Бажанов впервые опубликовал в Париже в 1930 году на французском языке. Книга вмиг стала бестселлером. Автор утверждал, что первым ее читателем был сам Сталин, которому ее доставили аэропланом. В последующие годы она была издана в других странах Европы. Спустя 47 лет, в 1977 году, в Париже выпустили новую, значительно дополненную версию воспоминаний, в которую вошли и события, произошедшие уже после бегства автора из СССР. Тогда же издали и перевод на русский язык.

В СССР «Воспоминания бывшего секретаря Сталина» впервые вышли в 1990 году. В течение 1992–2018 годов появилось еще шесть изданий этой книги.

Умер Борис Бажанов в декабре 1982 года.

НАЧАЛО БОЛЬШОГО ПУТИ

Борис Бажанов

Пора поговорить о товарище Сталине. Теперь я его хорошо знаю, даже, пожалуй, очень хорошо.

Внешность Сталина достаточно известна. Только ни на одном портрете не видно, что у него лицо изрыто оспой. Лицо невыразительное, рост средний, ходит вперевалку, все время посасывает трубку.

Разные авторы утверждают, что у него одна рука повреждена и он ею плохо владеет. Впрочем, дочь Светлана говорит, что у него плохо двигалась правая рука, а большевик Шумяцкий писал в советской печати, что Сталин не мог согнуть левую руку. По правде сказать, я никогда никакого дефекта такого рода у Сталина не замечал. Во всяком случае, я иногда видел, как он делал правой рукой широкие и размашистые жесты – ее он мог и согнуть и разогнуть. В конце концов, не знаю – никогда Сталин при мне никакой физической работы не делал – может быть и так, что его левая рука была не в порядке. Но я никогда не нашел случая это заметить.

Образ жизни ведет чрезвычайно нездоровый, сидячий. Никогда не занимается спортом, какой-нибудь физической работой. Курит (трубку), пьет (вино; предпочитает кахетинское). Во вторую половину своего царствования каждый вечер проводит за столом, за едой и питьем в компании членов своего Политбюро. Как при таком образе жизни он дожил до 73 лет, удивительно.

Всегда спокоен, хорошо владеет собой. Скрытен и хитер чрезвычайно. Мстителен необыкновенно. Никогда ничего не прощает и не забывает – отомстит через двадцать лет. Найти в его характере какие-либо симпатичные черты очень трудно – мне не удалось.

Постепенно о нем создались мифы и легенды. Например, о его необыкновенной воле, твердости и решительности. Это – миф. Сталин – человек чрезвычайно осторожный и нерешительный. Он очень часто не знает, как быть и что делать. Но он и виду об этом не показывает. Я очень много раз видел, как он колеблется, не решается и скорее предпочитает идти за событиями, чем ими руководить.

Умен ли он? Он неглуп и не лишен природного здравого смысла, с которым он очень хорошо управляется.

Например, на заседаниях Политбюро все время обсуждаются всякие государственные дела. Сталин малокультурен и ничего дельного и толкового по обсуждаемым вопросам сказать не может. Это очень неудобное положение. Природная хитрость и здравый смысл позволяют ему найти очень удачный выход из положения. Он следит за прениями, и, когда видит, что большинство членов Политбюро склонилось к какому-то решению, он берет слово и от себя в нескольких кратких фразах предлагает принять то, к чему, как он заметил, большинство склоняется. Делает это он в простых словах, где его невежество особенно проявиться не может (например: «Я думаю, надо принять предложение товарища Рыкова; а то, что предлагает товарищ Пятаков, не выйдет это, товарищи, не выйдет»). Получается всегда так, что хотя Сталин и прост, говорит плохо, а вот то, что он предлагает, всегда принимается. Не проникая в сталинскую хитрость, члены Политбюро начинают видеть в сталинских выступлениях какую-то скрытую мудрость (и даже таинственную). Я этому обману не поддаюсь. Я вижу, что никакой системы мыслей у него нет; сегодня он может предложить нечто совсем не вяжущееся с тем, что он предлагал вчера; я вижу, что он просто ловит мнение большинства. Что он плохо разбирается в этих вопросах, я знаю из разговоров с ним «дома», в ЦК. Но члены Политбюро поддаются мистификации и в конце концов начинают находить в выступлениях Сталина смысл, которого в них на самом деле нет.

Сталин малокультурен, никогда ничего не читает, ничем не интересуется. И наука, и научные методы ему недоступны и неинтересны. Оратор он плохой, говорит с сильным грузинским акцентом. Речи его очень мало содержательны. Говорит он с трудом, ищет нужное слово на потолке. Никаких трудов он, в сущности, не пишет; то, что является его сочинениями, это его речи и выступления, сделанные по какому-либо поводу, а из стенограммы потом секретари делают нечто литературное (он даже и не смотрит на результат: придать окончательную статейную или книжную форму – это дело (секретарское). Обычно это делает Товстуха.

Ничего остроумного Сталин никогда не говорит. За все годы работы с ним я только один раз слышал, как он пытался сострить. Это было так. Товстуха и я, мы стоим и разговариваем в кабинете Мехлиса – Каннера. Выходит из своего кабинета Сталин. Вид у него чрезвычайно важный и торжественный; к тому же он подымает палец правой руки. Мы умолкаем в ожидании чего-то очень важного. «Товстуха, – говорит Сталин, – у моей матери козел был – точь-в-точь как ты; только без пенсне ходил». После чего он поворачивается и уходит к себе в кабинет. Товстуха слегка подобострастно хихикает.

К искусству, литературе, музыке Сталин равнодушен. Изредка пойдет послушать оперу – чаще слушает «Аиду».

Женщины. Женщинами Сталин не интересуется и не занимается. Ему достаточно своей жены, которой он тоже занимается очень мало. Какие же у Сталина страсти?

Одна, но всепоглощающая, абсолютная, в которой он целиком, – жажда власти. Страсть маниакальная, азиатская, страсть азиатского сатрапа далеких времен. Только ей он служит, только ею все время занят, только в ней видит цель жизни.

Конечно, в борьбе за власть эта страсть полезна. Но все же на первый взгляд кажется трудно объяснимым, как с таким скупым арсеналом данных Сталин смог прийти к абсолютной диктаторской власти.

Проследим этапы этого восхождения. И нас еще более удивит, что отрицательные качества были ему более полезны, чем положительные.

Начинает Сталин как мелкий провинциальный революционный агитатор. Ленинская большевистская группа профессиональных революционеров ему совершенно подходит – здесь полагается не работать, как все прочие люди, а можно жить на счет какой-то партийной кассы. К работе же сердце Сталина никогда не лежало. Есть известный риск: власти могут арестовать и выслать на север под надзор полиции. Для социал-демократов дальше эти репрессии не идут (с эсерами, бросающими бомбы, власти поступают гораздо более круто). В ссылке царские власти обеспечивают всем необходимым; в пределах указанного городка или местности жизнь свободная; можно и сбежать, но тогда переходишь на нелегальное положение. Все ж таки жизнь рядового агитатора гораздо менее удобна (и ходу его немного), чем жизнь лидеров – Лениных и Мартовых в Женевах и Парижах: вожди уж совсем отказываются подвергать каким-либо неудобствам свои драгоценные персоны.

Лидеры в эмиграции заняты постоянно поисками средств – и для своей драгоценной жизни, и для партийной деятельности. Средства дают и братские партии (но скудно и нехотя), и буржуазные благодетели. Например, Буревестник (он же Максим Горький), вращающийся в Московском Художественном театре, помог артистке МХАТа Андреевой пленить миллионера Савву Морозова, и золотая манна через Андрееву идет в ленинскую кассу. Но этого мало, всегда мало. Анархисты и часть социалистов-революционеров нашли способ добывать нужные средства – просто путем вооруженных ограблений капиталистов и банков. Это на революционном деловом жаргоне называется «экс-ами» (экспроприациями). Но братские социал-демократические партии, давно играющие в респектабельность и принимающие часто участие в правительствах, решительно отвергают эту практику. Отвергают ее и русские меньшевики. Нехотя делает декларации в этом смысле и Ленин. Но Сталин быстро соображает, что Ленин только вид делает, а будет рад всяким деньгам, даже идущим от бандитского налета. Сталин принимает деятельное участие в том, чтобы соблазнить некоторых кавказских бандитов и перевести их в большевистскую веру. Наилучшим завоеванием в этой области является Камо Петросян, головорез и бандит отчаянной храбрости. Несколько вооруженных ограблений, сделанных бандой Петросяна, приятно наполняют ленинскую кассу (есть трудности только в размене денег). Натурально Ленин принимает эти деньги с удовольствием. Организует эти ограбления петросяновской банды товарищ Сталин. Сам он в них из осторожности не участвует.

(Кстати, трус ли Сталин? Очень трудно ответить на этот вопрос. За всю сталинскую жизнь нельзя привести ни одного примера, когда он проявил бы храбрость, ни в революционное время, ни во время гражданской войны, где он всегда командовал издали, из далекого тыла, ни в мирное время.)

Ленин чрезвычайно благодарен Сталину за его деятельность и не прочь подвинуть его по партийной лестнице; например, ввести в ЦК. Но сделать это на съезде партии нельзя, делегаты скажут: «То, что он организует для партии вооруженные ограбления, очень хорошо, но это отнюдь не основание, чтобы вводить его в лидеры партии». Ленин находит нужный путь: в 1912 году товарищ Сталин «кооптируется» в члены ЦК без всяких выборов. Поскольку он затем до революции живет в ссылке, вопрос о нем в партии не ставится. А из ссылки с февральской революцией он возвращается в столицу уже как старый член ЦК.

Известно, что ни в первой революции 1917 года, ни в Октябрьской Сталин никакой роли не играл, был в тени и ждал. Через несколько времени после взятия власти Ленин назначил его наркомом двух наркоматов, которые, впрочем, по ленинской мысли, были обречены на скорый слом: наркомат рабоче-крестьянской инспекции, детище мертворожденное, который Ленин думал реорганизовать, соединив с ЦКК (что и было потом проделано), и наркомат по делам национальностей, который должен был тоже быть упразднен, передав свои функции Совету национальностей ЦИКа. Что думал Ленин о Сталине, показывает дискуссия, происшедшая на заседании, где Ленин назначал Сталина Наркомнацем. Когда Ленин предложил это назначение, один из участников заседания предложил другого кандидата, доказывая, что его кандидат человек толковый и умный. Ленин перебил его: «Ну туда умного не надо, пошлем туда Сталина».

Наркомом Сталин только числился – в наркоматы свои почти никогда не показывался. На фронтах гражданской войны его анархическая деятельность очень спорна, а во время польской войны, когда все наступление на Варшаву сорвалось из-за невыполнения им и его армиями приказов главного командования, и просто вредна. И настоящая карьера Сталина начинается только с того момента, когда Зиновьев и Каменев, желая захватить наследство Ленина и организуя борьбу против Троцкого, избрали Сталина как союзника, которого надо иметь в партийном аппарате. Зиновьев и Каменев не понимали только одной простой вещи – партийный аппарат шел автоматически и стихийно к власти. Сталина посадили на эту машину, и ему достаточно было всего лишь на ней удержаться – машина сама выносила его к власти. Но, правду сказать, Сталин, кроме того, сообразил, что машина несет его вверх, и со своей стороны проделывал для этого все, что было нужно.

Сам собой напрашивается вывод, что в партийной карьере Сталина до 1925 года гораздо большую роль сыграли его недостатки, чем достоинства. Ленин ввел его в Центральный Комитет в свое большинство, не боясь со стороны малокультурного и политически небольшого Сталина какой-либо конкуренции. Но по этой же причине сделали его генсеком Зиновьев и Каменев: они считали Сталина человеком политически ничтожным, видели в нем удобного помощника, но никак не соперника.

Не будет никаким преувеличением сказать, что Сталин – человек совершенно аморальный. Уже Ленин был аморальным субъектом, к тому же с презрением отвергавшим для себя и для своих профессиональных революционеров все те моральные качества, которые по традициям нашей старой христианской цивилизации мы склонны считать необходимым цементом, делающим жизнь общества возможной и сносной: порядочность, честность, верность слову, терпимость, правдивость и т. д.

По Ленину, все это мораль буржуазная, которая отвергается; морально лишь то, что служит социальной революции, другими словами, что полезно и выгодно коммунистической партии. Сталин оказался учеником, превзошедшим учителя. Тщательно разбирая его жизнь и его поведение, трудно найти в них какие-либо человеческие черты. Единственное, что я мог бы отметить в этом смысле, это некоторая отцовская привязанность к дочке – Светлане. И то до некоторого момента. А кроме этого, пожалуй, ничего.

Грубость Сталина. Она была скорее натуральной и происходила из его малокультурности. Впрочем, Сталин очень хорошо умел владеть собой и был груб, лишь когда не считал нужным быть вежливым. Интересны наблюдения, которые я мог сделать в его секретариате. Со своими секретарями он не был нарочито груб, но, если, например, он звонил, и курьерша была в отсутствии (относила, например, куда-нибудь бумаги), и на звонок появлялся в его кабинете Мехлис или Каннер, Сталин говорил только одно слово: «чаю» или «спички». Помощники говорили ему «вы» и называли его не по имени-отчеству, а, обращаясь к нему, говорили «товарищ Сталин». Он говорил «ты» и Товстухе, и Мехлису, и Каннеру. Только мне он говорил «вы», а я был моложе всех. Никакой привязанности ни к одному из его сотрудников у него не было, но он ценил их по степеням полезности; и надо сказать, что все оказывали ему большие услуги – Каннер по делам почти уголовным, Товстуха тоже по делам довольно мрачным, Мехлис, которого он вначале не очень ценил, сделал все нужное, чтобы Сталин стал «великим и гениальным». И я был очень нужен как секретарь Политбюро. Все же отношение ко мне было не то, что к другим. Остальные помощники были «его» люди, преданные и державшиеся за свои места. Я был не «свой», ни преданности, ни уважения к Сталину у меня никаких не было, и я представлял для него некоторую загадку – я совсем не держался ни за место, ни за причастность к власти.

Только один раз он попытался быть со мной грубым. Это было на заседании Политбюро. Как всегда, я записываю резолюции на картонной карточке и передаю ее ему через стол, а он, прочтя, возвращает ее мне. По каким-то разногласиям с членами Политбюро (не имевшим ко мне ни малейшего отношения) он рассердился и хотел показать членам Политбюро свое плохое расположение духа. Для этого он не нашел ничего лучшего, как не возвращать мне через стол карточки, а швырять их через стол. Моя реакция была немедленной – следующую карточку я тоже не передал ему через стол, а бросил. Он удивленно посмотрел на меня и сразу перестал бросать карточки.

Он совсем перестал понимать меня, когда в один прекрасный день в результате моей внутренней эволюции, став антикоммунистом, я потерял желание быть полезным винтиком этой политбюровской машины. Я сказал ему, что хотел бы перейти работать в Наркомфин (Сокольников предлагал мне руководить Финансово-экономическим бюро Наркомфина, заменившим Ученый совет царского министерства финансов). Сталин удивился: «Почему?» Настоящую причину я ему, конечно, сказать не мог и ответил, что хотел бы усовершенствоваться в государственных делах финансово-экономического порядка. Он ответил, что я могу это делать, продолжая мою работу, и она от этого только выиграет. «И потом, партия поручает вам очень важную и ответственную работу; нет никакого резона от нее отказываться». Я начал работать и в Наркомфине, но для Сталина, для которого власть была все, мое равнодушие к власти и готовность от нее уйти, были загадкой. Он видел, что во мне чего-то не понимает. Может быть, поэтому он был всегда со мной отменно вежлив.

В те времена (20-е годы) Сталин ведет очень простой образ жизни. Одет он всегда в простой костюм полувоенного образца, сапоги, военную шинель. Никакого тяготения ни к какой роскоши или пользованию благами жизни у него нет. Живет он в Кремле, в маленькой, просто меблированной квартире, где раньше жила дворцовая прислуга. В то время как Каменев, например, знает уже толк в автомобилях и закрепил за собой превосходный «Роллс-Ройс», Сталин ездит на мощном, но простом «Руссо-Балте» (впрочем, дорог для автомобилей нет, ездить можно практически только по Москве, а выехать за город можно только чуть ли не по одному Ленинградскому шоссе). Конечно, для него, как и для других большевистских лидеров, вопрос о деньгах никакой практической роли не играет. Они располагают всем без денег – квартирой, автомобилем, проездами по железной дороге, отдыхами на курортах и т. д. Еда приготовляется в столовой Совнаркома и доставляется на дом.

Обычные регулярные заседания Политбюро начинались утром и заканчивались к обеду. Члены Политбюро расходились обедать, а я оставался в зале заседания, чтобы сформулировать и записать постановления по последним обсуждающимся вопросам. Сделав это, я отправлялся к Сталину. Обычно в это время он начинал обедать. За столом были он, его жена Надя и старший сын Яшка (от первой жены – урожденной Сванидзе). Сталин просматривал карточки, и я отправлялся в ЦК заканчивать протокол.

Первый раз, когда я попал к его обеду, он налил стакан вина и предложил мне. «Я не пью, товарищ Сталин». – «Ну стакан вина, это можно; и это – хорошее, кахетинское». – «Я вообще никогда ничего алкогольного не пил и не пью». Сталин удивился: «Ну, за мое здоровье». Я отказался пить и за его здоровье. Больше он меня вином никогда не угощал.

Но часто бывало так, что, выйдя из зала заседаний Политбюро, Сталин не отправлялся прямо домой, а, гуляя по Кремлю, продолжал разговор с кем-либо из участников заседания. В таких случаях, придя к нему на дом, я должен был его ждать. Тут я познакомился и разговорился с его женой, Надей Аллилуевой, которую я просто называл Надей. Познакомился довольно близко и даже несколько подружился.

Надя ни в чем не была похожа на Сталина. Она была очень хорошим, порядочным и честным человеком. Она не была красива, но у нее было милое, открытое и симпатичное лицо. Она была приблизительно моего возраста, но выглядела старше, и я первое время думал, что она на несколько лет старше меня. Известно, что она была дочерью питерского рабочего большевика Аллилуева, у которого скрывался Ленин в 1917 году перед большевистским переворотом. От Сталина у нее был сын Василий (в это время ему было лет пять), потом, года через три, еще дочь, Светлана.

Когда я познакомился с Надей, у меня было впечатление, что вокруг нее какая-то пустота – женщин-подруг у нее в это время как-то не было, а мужская публика боялась к ней приближаться: вдруг Сталин заподозрит, что ухаживают за его женой, – сживет со свету. У меня было явное ощущение, что жена почти диктатора нуждается в самых простых человеческих отношениях. Я, конечно, и не думал за ней ухаживать (у меня уже был в это время свой роман, всецело меня поглощавший). Постепенно она мне рассказала, как протекает ее жизнь.

Домашняя ее жизнь была трудная. Дома Сталин был тиран. Постоянно сдерживая себя в деловых отношениях с людьми, он не церемонился с домашними. Не раз Надя говорила мне вздыхая: «Третий день молчит, ни с кем не разговаривает и не отвечает, когда к нему обращаются; необычайно тяжелый человек». Но разговоров о Сталине я старался избегать: я уже представлял себе, что такое Сталин; бедная Надя только начинала, видимо, открывать его аморальность и бесчеловечность и не хотела сама верить в эти открытия.

Через некоторое время Надя исчезла, как потом оказалось, отправилась проводить последние месяцы своей новой беременности к родителям в Ленинград. Когда она вернулась и я ее увидел, она мне сказала: «Вот, полюбуйтесь моим шедевром». Шедевру было месяца три, он был сморщенным комочком. Это была Светлана. Мне было разрешено в знак особого доверия подержать ее на руках (недолго, четверть минуты – эти мужчины такие неловкие).

После того как я ушел из секретариата Сталина, я Надю встречал редко и случайно. Когда Орджоникидзе стал председателем ЦКК, он взял к себе Надю третьим секретарем; первым был добродушный гигант Трайнин. Зайдя как-то к Орджоникидзе, я в последний раз встретился с Надей. Мы с ней долго и по-дружески поговорили. Работая у Орджоникидзе, она ожила; здесь атмосфера была приятная, Серго был хороший человек. Он тоже принял участие в разговоре; он был со мной на «ты», что меня немного стесняло – он был на двадцать лет старше меня (впрочем, он был на «ты» со всеми, к кому питал мало-мальскую симпатию). Больше я Надю не видел.

Ее трагический конец известен, но, вероятно, не во всех деталях. Она пошла учиться в Промышленную академию. Несмотря на громкое название, это были просто курсы для переподготовки и повышения культурности местных коммунистов из рабочих и крестьян, бывших директорами и руководителями промышленных предприятий, но по малограмотности плохо справляющихся со своей работой. Это был 1932 год, когда Сталин развернул гигантскую всероссийскую мясорубку – насильственную коллективизацию, когда миллионы крестьянских семей в нечеловеческих условиях отправлялись в концлагеря на истребление. Слушатели Академии, люди, приехавшие с мест, видели своими глазами этот страшный разгром крестьянства. Конечно, узнав, что новая слушательница – жена Сталина, они прочно закрыли рты. Но постепенно выяснилось, что Надя превосходный человек, добрая и отзывчивая душа; увидели, что ей можно доверять. Языки развязались, и ей начали рассказывать, что на самом деле происходит в стране (раньше она могла только читать лживые и помпезные реляции в советских газетах о блестящих победах на сельскохозяйственном фронте). Надя пришла в ужас и бросилась делиться своей информацией к Сталину. Воображаю, как он ее принял, – он никогда не стеснялся называть ее в спорах дурой и идиоткой. Сталин, конечно, утверждал, что ее информация ложна и что это контрреволюционная пропаганда. «Но все свидетели говорят одно и то же». «Все?» – спрашивал Сталин. «Нет, – отвечала Надя, – только один говорит, что все это неправда. Но он явно кривит душой и говорит это из трусости; это секретарь ячейки Академии – Никита Хрущев». Сталин запомнил эту фамилию. В продолжавшихся домашних спорах Сталин, утверждая, что заявления, цитируемые Надей, голословны, требовал, чтобы она назвала имена: тогда можно будет проверить, что в их свидетельствах правда. Надя назвала имена своих собеседников. Если она имела еще какие-либо сомнения насчет того, что такое Сталин, то они были последними. Все оказавшие ей доверие слушатели были арестованы и расстреляны. Потрясенная Надя наконец поняла, с кем соединила свою жизнь, да, вероятно, и что такое коммунизм; и застрелилась. Конечно, свидетелем рассказанного здесь я не был; но я так понимаю ее конец по дошедшим до нас данным.

А товарищ Хрущев начал с этого периода свою блестящую карьеру. В первый же раз, когда в Московской организации происходили перевыборы районных комитетов и их секретарей, Сталин сказал секретарю Московского комитета: «Там у вас есть превосходный работник – секретарь ячейки Промышленной академии Никита Хрущев; выдвиньте его в секретари райкома». В это время слово Сталина было уже закон, и Хрущев стал немедленно секретарем райкома, кажется, Краснопресненского, а затем очень скоро и секретарем Московского комитета партии. Так пошел вверх Никита Хрущев, дошедший до самого верха власти.

На квартире Сталина жил и его старший сын – от первого брака – Яков. Почему-то его никогда не называли иначе, как Яшка. Это был очень сдержанный, молчаливый и скрытный юноша; он был года на четыре моложе меня. Вид у него был забитый. Поражала одна его особенность, которую можно назвать нервной глухотой. Он был всегда погружен в свои какие-то скрытные внутренние переживания. Можно было обращаться к нему и говорить – он вас не слышал, вид у него был отсутствующий. Потом он вдруг реагировал, что с ним говорят, спохватывался и слышал все хорошо.

Сталин его не любил и всячески угнетал. Яшка хотел учиться – Сталин послал его работать на завод рабочим. Отца он ненавидел скрытной и глубокой ненавистью. Он старался всегда остаться незамеченным, не играл до войны никакой роли. Мобилизованный и отправленный на фронт, он попал в плен к немцам. Когда немецкие власти предложили Сталину обменять какого-то крупного немецкого генерала на его сына, находившегося у них в плену, Сталин ответил: «У меня нет сына». Яшка остался в плену и в конце немецкого отступления был гестаповцами расстрелян.

Я почти никогда не видел сына Сталина от Нади – Василия. Тогда он был младенцем; выросши, стал дегенеративным алкоголиком. История Светланы хорошо известна. Как и мать, она поняла, что представлял Сталин, а кстати, и коммунизм, и, бежав за границу, нанесла сильный удар коммунистической пропаганде («Ну и режим: родная дочь Сталина не выдержала и сбежала!»). Конечно, резюмируя все сказанное о Сталине, можно утверждать, что это был аморальный человек с преступными наклонностями. Но я думаю, что случай Сталина подымает другой, гораздо более важный вопрос: почему такой человек мог проявить все свои преступные наклонности, в течение четверти века безнаказанно истребляя миллионы людей? Увы, на это можно дать только один ответ. Коммунистическая система создала и выдвинула Сталина. Коммунистическая система, представляющая всеобъемлющее и беспрерывное разжигание ненависти и призывающая к истреблению целых групп и классов населения, создает такой климат, когда ее держатели власти всю свою деятельность изображают как борьбу с какими-то выдуманными врагами – классами, контрреволюционерами, саботажниками, объясняя все неудачи своей нелепой и нечеловеческой системы как происки и сопротивление мнимых врагов и неустанно призывая к репрессиям, к истреблению, к подавлению (всего: мысли, свободы, правды, человеческих чувств). На такой почве сталины могут процветать пышным цветом.

Когда руководящая верхушка убеждается, что при этом и ей самой приходится жить с револьвером у затылка, она решает немного отвинтить гайку, но не очень и зорко следя, чтобы все основное в системе осталось по-старому. Это – то, что произошло после Сталина.

Когда я хорошо понял Ленина и Сталина, мне пришлось спросить себя: правильно ли делает коммунистическая власть, называя «урку» – «социально близким элементом»? Не вернее было бы сказать: «морально близкий элемент»?

КТО ТАКОЙ ФЕДОР РАСКОЛЬНИКОВ

Можно только гадать, почему 20-летний Федор Ильин, вступив в партию большевиков, взял себе псевдоним Раскольников. Понятно, что напрямую связывая себя с героем Достоевского. Но еще и осознав, что становится раскольником – человеком, отклоняющимся от принятых норм поведения и нравственных основ?

Как бы то ни было, Федор, внебрачный сын протодиакона Федора Петрова и дочери генерал-майора артиллерии Антонины Ильиной, с головой окунулся в революционную работу – и делал ее на совесть. Литературный талант приложил поначалу к журналистике, сотрудничая с большевистскими газетами «Звезда» и «Правда». Вернулся к писательству Раскольников, уже будучи советским дипломатом, полпредом в Афганистане, где, по его собственному признанию, было много свободного времени. Его статьи регулярно публиковались в различных журналах, тогда же он написал свою самую известную книгу «Кронштадт и Питер в 1917 году».

В промежутке между литературными занятиями Раскольников окончил отдельные гардемаринские классы, благодаря чему в 1918 году был назначен комиссаром Морского генерального штаба, затем заместителем наркомвоенмора Троцкого по морским делам, командующим Волжской, Астрахано-Каспийской, Волжско-Каспийской военными флотилиями, а в 1920 году – даже Балтийским флотом…

Ну и какой же революционер мог миновать тюрьмы? В июле 1917 года, будучи заместителем председателя Кронштадского совета, посажен в «Кресты», откуда вышел незадолго до октябрьских событий. Вновь за решеткой Раскольников оказался уже в Англии, в Брикстонской тюрьме Лондона, куда он попал в качестве пленного во время похода советских миноносцев «Автроил» и «Спартак» на Таллин. Британские моряки захватили оба корабля с их экипажами.

Перед тем как окончательно перейти на дипломатическую работу (1930), Раскольников шесть лет занимался редакторской и цензорской деятельностью. Став руководителем Главреперткома (цензура репертуара театров, кино, цирка и эстрады), он особо пристрастен был к Михаилу Булгакову, исключив из репертуара пьесы «Зойкина квартира» и «Бег».

Финалом карьеры стала дипломатия. В 1930–1933 годах – полпред СССР в Эстонии. В 1933–1934 годах – в Дании. С сентября 1934-го – в Болгарии. В апреле 1938 года Раскольникова вызвали в Москву, в наркомат иностранных дел. С женой и ребенком он выехал поездом из Софии, а во время пересадки в Берлине, приобретя на вокзале газету, узнал о своем смещении с должности полпреда.

Федор Федорович отказался возвращаться в СССР, понимая, что там его ждет. Он с семьей обосновался в Париже и 26 июля 1938 года опубликовал в местной русской эмигрантской газете «Последние новости» протестное письмо «Как меня сделали "врагом народа"». Ну а дальше все покатилось по накатанной уже «большим террором» схеме.

17 июля 1939 года Верховный суд СССР задним числом объявил Раскольникова вне закона, что, согласно постановлению ЦИК СССР от 21 ноября 1929 года «Об объявлении вне закона должностных лиц – граждан СССР за границей, перебежавших в лагерь врагов рабочего класса и крестьянства и отказывающихся вернуться в СССР», влекло расстрел осужденного через 24 часа после удостоверения его личности.

17 августа 1939 года Раскольников закончил работу над «Открытым письмом Сталину», в котором обличал репрессивную сталинскую политику в отношении конкретных лиц прежнего руководства большевистской партии и рядовых советских граждан.

Через неделю, 24 августа, находясь в Ницце, Раскольников узнал из публикаций во французской прессе о заключении в Москве советско-германского Договора о ненападении («Пакт

Молотова – Риббентропа»). Федор Федорович испытал сильнейший эмоциональный шок: произошло событие, которое по своему содержанию не вмещалось в его сознание. Он впал в реактивный психоз и был госпитализирован в местную психиатрическую клинику, где 12 сентября 1939 года погиб при не до конца выясненных обстоятельствах.

Согласно наиболее распространенной версии известной эмигрантской писательницы Нины Берберовой, изложенной в ее книге «Железная женщина», Раскольников покончил с собой, в состоянии безумия выбросившись из окна пятого этажа и разбившись насмерть. При этом никаких документальных свидетельств происшествия в ее мемуарах не приводится. Вдова Раскольникова Муза Раскольникова-Канивез утверждала, что ее муж умер хотя и в психиатрической клинике, но не в результате самоубийства, а вследствие острой пневмонии, простудившись во время нахождения там в течение двух недель. Историк и диссидент Рой Медведев придерживается версии гибели Раскольникова от рук агентуры НКВД.

«Открытое письмо Сталину» было опубликовано уже после смерти Раскольникова, 1 октября 1939 года, в эмигрантском издании «Новая Россия» (№7, 1939). В 1963 году, во время хрущевской оттепели, Раскольников был реабилитирован, в СССР о нем стали появляться публикации, но без упоминания бегства за границу и письма Сталину, которое тайно ходило по рукам в перепечатанном виде. В публичное поле оно попало только в годы перестройки.

ОТКРЫТОЕ ПИСЬМО СТАЛИНУ

Федор Раскольников

Сталин, вы объявили меня «вне закона». Этим актом вы уравняли меня в правах – точнее, в бесправии – со всеми советскими гражданами, которые под вашим владычеством живут вне закона.

Со своей стороны отвечаю полной взаимностью: возвращаю вам входной билет в построенное вами «царство социализма» и порываю с вашим режимом.

Ваш «социализм», при торжестве которого его строителям нашлось место лишь за тюремной решеткой, так же далек от истинного социализма, как произвол вашей личной диктатуры не имеет ничего общего с диктатурой пролетариата.

Вам не поможет, если награжденный орденом, уважаемый революционер-народоволец Н. А. Морозов[85] подтвердит, что именно за такой «социализм» он провел пятьдесят лет своей жизни под сводами Шлиссельбургской крепости.

Стихийный рост недовольства рабочих, крестьян, интеллигенции властно требовал крутого политического маневра, подобно ленинскому переходу к НЭПу в 1921 году. Под напором советского народа вы «даровали» демократическую конституцию. Она была принята всей страной с неподдельным энтузиазмом.

---

85 Николай Александрович Морозов (1854–1946), деятель русского революционного движения (народник, народоволец), популяризатор науки, литератор. Во время пребывания у народовольцев активно занимался теоретическим осмыслением политического террора. В 1882 г. на «процессе двадцати» (суд над деятелями «Народной воли») Морозов был приговорен к бессрочной каторге, до 1905 г. находился в заключении в Петропавловской и Шлиссельбургской крепостях. В общей сложности провел в царских тюрьмах около тридцати лет, двадцать пять из которых – в непрерывном заключении. После освобождения и вплоть до революции 1917 года наиболее близки взглядам Морозова были программные положения партии кадетов. В советское время он так и не вступил в ряды ВКП(б).

Честное проведение в жизнь демократических принципов демократической конституции 1936 года, воплотившей надежды и чаяния всего народа, ознаменовало бы новый этап расширения советской демократии.

Но, в вашем понимании, всякий политический маневр – синоним надувательства и обмана. Вы культивируете политику без этики, власть без честности, социализм без любви к человеку.

Что сделали вы с конституцией, Сталин?

Испугавшись свободы выборов, как «прыжка в неизвестность», угрожавшего вашей личной власти, вы растоптали конституцию, как клочок бумаги, выборы превратили в жалкий фарс голосования за одну-единственную кандидатуру, а сессии Верховного Совета наполнили акафистами и овациями в честь самого себя. В промежутках между сессиями вы бесшумно уничтожали «зафинтивших» депутатов, насмехаясь над их неприкосновенностью и напоминая, что хозяином земли Советской является не Верховный Совет, а вы. Вы сделали все, чтобы дискредитировать советскую демократию, как дискредитировали социализм. Вместо того, чтобы пойти по линии намеченного конституцией поворота, вы подавляете растущее недовольство насилием и террором. Постепенно заменив диктатуру пролетариата режимом вашей личной диктатуры, вы открыли новый этап, который в истории нашей революции войдет под именем «эпохи террора».

Никто в Советском Союзе не чувствует себя в безопасности. Никто, ложась спать, не знает, удастся ли ему избежать ночного ареста, никому нет пощады. Правый и виноватый, герой Октября и враг революции, старый большевик и беспартийный, колхозный крестьянин и полпред, народный комиссар и рабочий, интеллигент и маршал Советского Союза – все в равной мере подвержены ударам вашего бича, все кружатся в дьявольской кровавой карусели.

Как во время извержения вулкана огромные глыбы с треском и грохотом рушатся в жерло кратера, так целые пласты советского общества срываются и падают в пропасть.

Вы начали кровавые расправы с бывших троцкистов, зиновьевцев и бухаринцев, потом перешли к истреблению старых большевиков, затем уничтожили партийные и беспартийные кадры, выросшие в гражданской войне, вынесшие на своих плечах строительство первых пятилеток, и организовали избиение комсомола.

Вы прикрываетесь лозунгом борьбы «с троцкистско-бухаринскими шпионами». Но власть в ваших руках не со вчерашнего дня. Никто не мог «пробраться» на ответственный пост без вашего разрешения.

Кто насаждал так называемых «врагов народа» на самые ответственные посты государства, партии, армии, дипломатии?

– Иосиф Сталин.

Прочитайте старые протоколы Политбюро: они пестрят назначениями и перемещениями только одних «троцкистско-бухаринских шпионов», «вредителей» и «диверсантов». И под ними красуется надпись – И. Сталин.

Вы притворяетесь доверчивым простофилей, которого годами водили за нос какие-то карнавальные чудовища в масках.

– Ищите и обрящете козлов отпущения, – шепчете вы своим приближенным и нагружаете пойманные, обреченные на заклание жертвы своими собственными грехами.

Вы сковали страну жутким страхом террора, даже смельчак не может бросить вам в лицо правду.

Волны самокритики «невзирая на лица» почтительно замирают у подножия вашего пьедестала.

Вы непогрешимы, как папа! Вы никогда не ошибаетесь!

Но советский народ отлично знает, что за все отвечаете вы, «кузнец всеобщего счастья».

С помощью грязных подлогов вы инсценировали судебные процессы, превосходящие вздорностью обвинения знакомые вам по семинарским учебникам средневековые процессы ведьм.

Вы сами знаете, что Пятаков[86] не летал в Осло, М. Горький умер естественной смертью и Троцкий не сбрасывал поезда под откос.

Зная, что все это – ложь, вы поощряете своих клеветников:

– Клевещите, клевещите, от клеветы всегда что-нибудь останется.

Как вам известно, я никогда не был троцкистом. Напротив, я идейно боролся со всеми оппозициями в печати и на широких собраниях. Я и сейчас не согласен с политической позицией Троцкого, с его программой и тактикой. Принципиально расходясь с Троцким, я считаю его честным революционером. Я не верю и никогда не поверю в его сговор с Гитлером и Гессом.

Вы – повар, готовящий острые блюда, для нормального человеческого желудка они не съедобны.

Над гробом Ленина вы принесли торжественную клятву выполнить его завещание и хранить как зеницу ока единство партии. Клятвопреступник, вы нарушили и это завещание Ленина.

Вы оболгали, обесчестили и расстреляли многолетних соратников Ленина: Каменева, Зиновьева, Бухарина, Рыкова и др., невиновность которых вам была хорошо известна. Перед смертью вы заставили их каяться в преступлениях, которых они не совершали, и мазать себя грязью с ног до головы.

---

86 Георгий (Юрий) Леонидович Пятаков (1890–1937), советский партийный, хозяйственный и государственный деятель. Активный участник революции и гражданской войны в Украине. Первый из руководителей Компартии Украинской ССР. В августе 1936 г. Пятаков в разговоре с Ежовым просил назначить его обвинителем на Первом московском процессе над Зиновьевым и Каменевым. В попытке оправдаться Пятаков в беседе с Ежовым, а также в письме к Сталину просил дать ему возможность лично расстрелять обвиняемых, в том числе и свою жену, которая также была арестована. В начале сентября 1936 г. Пятаков был выведен из ЦК и исключен из партии. 12 сентября 1936 г. арестован. В качестве одного из главных обвиняемых привлечен к уголовной ответственности по делу «Параллельного антисоветского троцкистского центра». 30 января 1937 г. Пятаков был приговорен к смертной казни и расстрелян два дня спустя. В июле 1988 г. реабилитирован, а в декабре решением КПК при ЦК КПСС восстановлен в партии (посмертно).

А где герои Октябрьской революции? Где Бубнов[87]? Где Крыленко[88]? Где Антонов-Овсеенко[89]? Где Дыбенко[90]?

---

87 Андрей Сергеевич Бубнов (1884–1938), советский партийный и военный деятель. Член ЦК партии (1917–1918 и 1924–1937). Руководитель ряда наркоматов УССР и СССР. Один из организаторов ликбеза в СССР. Участник подавления Кронштадтского восстания. 17 октября 1937 г. был арестован по сфальсифицированному обвинению. Приговорен к смертной казни. После смерти Сталина реабилитирован и восстановлен в партии.

88 Николай Васильевич Крыленко (Крыленков) (1885–1938), советский государственный и партийный деятель, Верховный главнокомандующий русской армии после Октябрьской революции 1917 года. Большевик, революционер. Один из организаторов массовых репрессий. В 1931 г. стал наркомом юстиции. Выступал обвинителем на главных политических процессах. В 1938 г. на первой сессии Верховного Совета СССР 1-го созыва Крыленко подвергся критике, формально – за то, что тратил слишком много времени на альпинизм, «когда другие работают». Был арестован 31 января 1938 г., и ему предъявили обвинения в связях с антисоветской организацией правых, которую возглавлял Бухарин; в создании в органах юстиции вредительской организации и подрывной деятельности; в вербовке во вредительскую организацию 30 человек. Протокол этого «процесса» уместился в девятнадцать строк, а сам суд продолжался 20 минут. Расстрелян в рамках дела о контрреволюционной фашистско-террористической организации альпинистов и туристов. После смерти Сталина военная коллегия Верховного Суда СССР реабилитировала Крыленко, а Комиссия партийного контроля восстановила его в партии.

89 Владимир Александрович Антонов-Овсеенко (наст. фамилия – Овсеенко) (1883–1938), революционер, советский политический, партийный, государственный и военный деятель, юрист, публицист, дипломат. Один из руководителей штурма Зимнего дворца, с 30 ноября 1918 г. по 4 января 1919 г. командующий Украинской советской армией. Активно выступая против усиления власти Сталина, он поддержал Троцкого и примкнул к Левой оппозиции. Во время Гражданской войны в Испании был генеральным консулом СССР в Барселоне. В конце 1937 г. Антонов-Овсеенко был отозван из Испании, после чего арестован НКВД. Расстрелян в 1938 г. «за принадлежность к троцкистской террористической и шпионской организации». Реабилитирован посмертно 25 февраля 1956 г.

90 Павел Ефимович Дыбенко (1889–1938), российский революционер, советский политический и военный деятель, Председатель Центробалт, первый народный комиссар по морским делам РСФСР. Один из организаторов Октябрьской революции. Член РСДРП с 1912 г. Командовал военными округами, был делегатом XVII съезда ВКП(б). В 1937 г. входил в состав Специального военного присутствия, осудившего на смерть группу высших советских

Вы арестовали их, Сталин.

Где старая гвардия? Ее нет в живых.

Вы расстреляли ее, Сталин.

Вы растлили, загадили души ваших соратников. Вы заставили идущих за вами с мукой и отвращением шагать по лужам крови вчерашних товарищей и друзей.

В лживой истории партии, написанной под вашим руководством, вы обокрали мертвых, убитых, опозоренных вами людей и присвоили себе их подвиги и заслуги.

Вы уничтожили партию Ленина, а на ее костях построили новую партию «Ленина – Сталина», которая служит удачным прикрытием вашего единовластия.

Вы создали ее не на базе общей теории и тактики, как строится всякая партия, а на безыдейной основе личной любви и преданности вам. Знание программы первой партии было объявлено необязательным для ее членов, но зато обязательна любовь к Сталину, ежедневно подогреваемая печатью. Признание партийной программы заменяется объяснением любви к Сталину.

Вы – ренегат, порвавший со вчерашним днем, предавший дело Ленина. Вы торжественно провозгласили лозунг выдвижения новых кадров. Но сколько этих молодых выдвиженцев уже гниет в ваших казематах? Сколько из них вы расстреляли, Сталин?

С жестокостью садиста вы избиваете кадры, полезные, нужные стране. Они кажутся вам опасными с точки зрения вашей личной диктатуры.

военачальников по «делу Тухачевского». На январском пленуме ЦК ВКП(б) 1938 г. Дыбенко подвергся резкой критике и нападкам со стороны Сталина, обвинившего его в морально-бытовом разложении и пьянстве. Арестован 26 февраля 1938 г. Обвинен в участии в военно-фашистском заговоре в РККА и наркомате лесной промышленности СССР, а также в шпионаже в пользу США. На следствии подвергался жестоким пыткам. Признал себя виновным во всех предъявленных обвинениях, кроме шпионажа; писал покаянные письма Сталину. 29 июля 1938 г. Дыбенко был приговорен к смертной казни и в тот же день расстрелян. Реабилитирован в 1956 г.

Накануне войны вы разрушаете Красную армию, любовь и гордость страны, оплот ее мощи. Вы обезглавили Красную армию и Красный флот. Вы убили самых талантливых полководцев, воспитанных на опыте мировой и гражданской войн, во главе с блестящим маршалом Тухачевским[91].

Вы истребили героев Гражданской войны, которые преобразовали Красную армию по последнему слову военной техники и сделали ее непобедимой.

В момент величайшей военной опасности вы продолжаете истреблять руководителей армии, средний командный состав и младших командиров.

Где маршал Блюхер[92]?

---

91 Михаил Николаевич Тухачевский (1893–1937), российский и советский военный деятель и теоретик, военачальник РККА времен гражданской войны. Маршал Советского Союза. Деятельность Тухачевского по реформированию Вооруженных сил и его взгляды на подготовку армии к будущей войне встречали сопротивление и оппозицию в наркомате обороны во главе с Ворошиловым. Сталин принял сторону абсолютно преданного ему Ворошилова, и уже в августе 1936 г. последовали первые аресты военачальников в рамках «большой чистки» Вооруженных сил. Тухачевский был схвачен в мае 1937 г. В ходе предварительного следствия признал себя виновным в подготовке военного заговора в РККА, целью которого было насильственное свержение власти и установление в СССР военной диктатуры. На странице с признаниями имеются бурые пятна, которые судебно-медицинская экспертиза идентифицировала как пятна крови. Расстрелян в 1937 г., реабилитирован в 1957 г.

92 Василий Константинович Блюхер (1890–1938), советский военный, государственный и партийный деятель. Маршал Советского Союза. Военный министр Дальневосточной республики (ДВР), командовал армиями на Дальнем Востоке. Был участником репрессий в РККА: 11 июня 1937 г. он в числе прочих военачальников, включенных в состав суда, вынес смертный приговор по делу Тухачевского. В начале 1938 г. Блюхер поставил перед Сталиным вопрос о доверии к себе и получил заверение, что пользуется полным доверием. А в сентябре с семьей выехал на отдых и лечение в Сочи, где проживал на даче Ворошилова. Утром 22 октября Блюхер был там арестован, как и его жена и брат. Их привезли на Лубянку во внутреннюю тюрьму НКВД СССР. За 18 дней пребывания, со дня ареста и до кончины, его допрашивали 21 раз. Семь допросов провел лично первый заместитель наркома внутренних дел Лаврентий Берия. В подписанных Блюхером показаниях содержится признание в участии в «антисоветской организации правых» и «военном заговоре», а также в саботаже в военной сфере, пьянстве на рабочем месте и моральном разложении. 9 ноября 1938 г. Блюхеру стало плохо и наступила смерть. 11 ноября дело было прекращено по причине смерти обвиняемого. Задним числом его лишили звания маршала и приговорили к смертной казни за «шпионаж в пользу Японии». В 1956 г. реабилитирован.

Где маршал Егоров[93]?

Вы арестовали их, Сталин. Для успокоения взволнованных умов вы обманываете страну, что ослабленная арестами и казнями Красная армия стала еще сильней.

Зная, что закон военной науки требует единоначалия в армии от главнокомандующего до взводного командира, вы воскресили институт военных комиссаров, который возник на заре Красной армии и Красного флота, когда у нас еще не было своих командиров, а над военными специалистами старой армии нужен был политический контроль.

Не доверяя красным командирам, вы вносите в армию двоевластие и разрушаете воинскую дисциплину.

Под нажимом русского народа вы лицемерно воскрешаете культ исторических русских героев: Александра Невского и Дмитрия Донского, Суворова и Кутузова, надеясь, что в будущей войне они помогут вам больше, чем казненные маршалы и генералы.

Пользуясь тем, что вы никому не доверяете, настоящие агенты гестапо и японская разведка с успехом ловят рыбу в мутной, взбаламученной вами воде, подбрасывая вам в изобилии подложные документы, порочащие самых лучших, талантливых и честных людей.

---

93 Александр Ильич Егоров (1883–1939), российский и советский военачальник и военно-политический деятель. Один из выдающихся полководцев гражданской войны. Один из первых пяти маршалов Советского Союза. Член РКП(б) с июля 1918 г. В феврале 1938 г. арестована вторая жена Егорова, полька по происхождению Галина Цешковская, которую объявили шпионкой Войска Польского. Вслед за ней и сам маршал был отстранен от должности и арестован. Уже в одном из первых протоколов допросов содержится признание Егорова в том, что он «вместе с Дыбенко и Буденным возглавлял руководство антисоветской организации правых в Красной Армии». Из первого списка подлежащих расстрелу лиц Егорова вычеркнул Сталин, благодаря чему он прожил еще полгода. 22 февраля 1939 г. приговорен к расстрелу по обвинению в шпионаже и принадлежности к военному заговору. Расстрелян на следующий день, 23 февраля 1939 г., в День Красной армии и флота. Реабилитирован в марте 1956 г. Посмертно восстановлен в воинском звании Маршала Советского Союза и в советских наградах.

В созданной вами гнилой атмосфере подозрительности, взаимного недоверия, всеобщего сыска и всемогущества Наркомвнутрдела, которому вы отдали на растерзание Красную армию и всю страну, любому «перехваченному» документу верят – или притворяются, что верят, – как неоспоримому доказательству.

Подсовывая агентам Ежова фальшивые документы, компрометирующие честных работников миссии, «внутренняя линия» РОВСа[94] в лице капитана Фосса[95] добилась разгрома нашего полпредства в Болгарии – от шофера М. И. Казакова до военного атташе В. Т. Сухорукова[96].

Вы уничтожаете одно за другим важнейшие завоевания Октября. Под видом борьбы с текучестью рабочей силы вы

---

94 «Внутренней линией» называлась контрразведка Русского общевоинского союза, объединявшего военные организации и воинские союзы во всех странах Русского зарубежья. Создана в 1924–1927 гг. по указанию генерала Александра Кутепова. Эта секретная организация внутри Белого движения имела филиалы более чем в 17 странах мира. Организация контрразведки внутри Белого движения стала насущной необходимостью в связи с активным проникновением агентов ОГПУ в его среду. Формально «внутренняя линия» подчинялась РОВС, но руководители последнего не были осведомлены о ее конспиративной деятельности и связях с разведками СССР и Германии.

95 Клавдий Александрович Фосс (1898–1991), участник Белого движения на Юге России, капитан Дроздовского артиллерийского дивизиона. Руководитель канцелярии РОВСа, затем «внутренней линии» РОВС. Будучи глубоко верующим человеком, монархистом, Фосс ненавидел большевиков и был сторонником радикальных методов антисоветской борьбы. Он организовал тайную организацию «Долг Родине» и вербовал туда белых офицеров. В годы Второй мировой войны сотрудничал с абвером, принимал участие в налаживании охранной службы ставки Адольфа Гитлера в Виннице, за что был награжден Железным крестом. После окончания войны избежал выдачи Советскому Союзу, позже переехал в Мюнхен, где и скончался в ноябре 1991 года.

96 Василий Тимофеевич Сухоруков (1898–1988), военный атташе при полпредстве СССР в Болгарии (декабрь 1934 – март 1937), резидент военной разведки. Созданная им агентурная сеть охватывала все балканские страны. В 1937 г. отозван в Москву, обвинен в троцкизме и осужден на длительный срок содержания в исправительно-трудовом лагере, в котором находился с 1938 по 1955 год. Уволен в запас Советской армии в звании полковника. Научный сотрудник Центрального музея Советской армии.

отменили свободу труда, закабалили советских рабочих, прикрепив их к фабрикам и заводам. Вы разрушили хозяйственный организм страны, дезорганизовали промышленность и транспорт, подорвали авторитет директора, инженера и мастера, сопровождая бесконечную чехарду смещений и назначений арестами и травлей инженеров, директоров и рабочих как «скрытых, еще не разоблаченных вредителей».

Сделав невозможной нормальную работу, вы под видом борьбы с «прогулами» и «опозданиями» трудящихся заставляете их работать бичами и скорпионами жестоких и антипролетарских декретов.

Ваши бесчеловечные репрессии делают нестерпимой жизнь советских трудящихся, которых за малейшую провинность с волчьим паспортом увольняют с работы и выгоняют с квартиры.

Рабочий класс с самоотверженным героизмом нес тягость напряженного труда и недоедания, голода, скудной заработной платы, жилищной тесноты и отсутствия необходимых товаров. Он верил, что вы ведете к социализму, но вы обманули его доверие. Он надеялся, что с победой социализма в нашей стране, когда осуществится мечта светлых умов человечества о великом братстве людей, всем будет житься радостно и легко.

Вы отняли даже эту надежду: вы объявили – социализм построен до конца. И рабочие с недоумением, шепотом спрашивали друг друга: «Если это социализм, то за что боролись, товарищи?».

Извращая теорию Ленина об отмирании государства, как извратили всю теорию марксизма-ленинизма, вы устами ваших безграмотных доморощенных «теоретиков», занявших вакантные места Бухарина, Каменева и Луначарского, обещаете даже при коммунизме сохранить власть ГПУ.

Вы отняли у колхозных крестьян всякий стимул к работе. Под видом борьбы с «разбазариванием колхозной земли» вы разоряете приусадебные участки, чтобы заставить крестьян работать на колхозных полях. Организатор голода, грубостью и жестокостью неразборчивых методов, отличающих вашу тактику, вы сделали все, чтобы дискредитировать в глазах крестьян ленинскую идею коллективизации.

Лицемерно провозглашая интеллигенцию «солью земли», вы лишили минимума внутренней свободы труд писателя, ученого, живописца. Вы зажали искусство в тиски, от которых оно задыхается, чахнет и вымирает. Неистовство запуганной вами цензуры и понятная робость редакторов, за все отвечающих своей головой, привели к окостенению и параличу советской литературы. Писатель не может печататься, драматург не может ставить пьесы на сцене театра, критик не может высказать свое личное мнение, не отмеченное казенным штампом.

Вы душите советское искусство, требуя от него придворного лизоблюдства, но оно предпочитает молчать, чтобы не петь вам «осанну». Вы насаждаете псевдоискусство, которое с надоедливым однообразием воспевает вашу пресловутую, набившую оскомину «гениальность».

Бездарные графоманы славословят вас, как полубога, «рожденного от Луны и Солнца», а вы, как восточный деспот, наслаждаетесь фимиамом грубой лести.

Вы беспощадно истребляете талантливых, но лично вам неугодных русских писателей. Где Борис Пильняк[97]? Где Сергей

---

97 Борис Андреевич Пильняк (1894–1938), русский советский писатель, прозаик. В 1926 г. Пильняк пишет «Повесть непогашенной луны» – на основании распространенных слухов об обстоятельствах смерти Михаила Фрунзе с намеком на участие Сталина. Журнал с публикацией повести через два дня был изъят из продажи. Против писателя ввели санкции, запрещавшие печататься в популярных журналах. А в октябре 1937 г. Пильняк был арестован за связь с троцкистами. Во время следствия не признал себя троцкистом, однако под пытками сообщил, что с первой поездки в Японию в 1926 г. был связан с офицером Генерального штаба и агентом разведки, через которого вел шпионскую работу. 21 апреля 1938 г. Пильняк был приговорен к смертной казни за измену родине и расстрелян в тот же день в Москве. Реабилитирован в 1956 г.

Третьяков[98]? Где Александр Аросев[99]? Где Михаил Кольцов[100]?

98 Сергей Михайлович Третьяков (1892–1937), русский и советский публицист, драматург и поэт-футурист, сценарист. Начал печататься в 1913 г.; входил в московскую группу эгофутуристов «Мезонин поэзии». Первая книга стихов «Железная пауза» вышла в 1919 г. во Владивостоке. Состоял в партии социалистов-революционеров. 25 июня 1917 г. был избран по новому демократическому закону о выборах гласным Московской городской думы. Работал в рабфаковских литобъединениях, в ГосТиМе, на сцене которого Всеволод Мейерхольд поставил его пьесу «Рычи, Китай!», и в Первом рабочем театре Пролеткульта, в котором его пьесы ставил Сергей Эйзенштейн. В 1937 г. арестован и расстрелян в Москве. Реабилитирован в феврале 1956 г. Песни на стихи Третьякова исполнялись и печатались и после его гибели с примечанием «слова народные».

99 Александр Яковлевич Аросев (1890–1938), русский революционер, советский партийный деятель, сотрудник советских спецслужб, дипломат и писатель. Участник революции 1905 г. Неоднократно подвергался арестам, был в ссылке в Вологодской губернии. Во время Октябрьской революции был членом Военно-революционного комитета в Москве и командовал большевистскими отрядами. По его приказу был произведен артобстрел Кремля, находившегося в руках юнкеров. До 1927 г. работал в ВЧК, затем на дипломатической работе. Делегат 1-го Всесоюзного съезда писателей. В 1935 г. выступал переводчиком на встрече Ромена Роллана с Иосифом Сталиным во время посещения писателем СССР. Арестован 3 июля 1937 г. Во время следствия, дабы избежать пыток, подписал все признания, которых требовали от него следователи, однако во время суда отказался от них, заявив, что дал признательные показания под давлением. В 1938 г. приговорен к расстрелу. Как писатель дебютировал в 1916 г. Основные темы – революционная борьба подпольщиков при царизме и героическая деятельность большевиков во время гражданской войны. Писал рассказы для детей. Его книги изучались в советских школах. Отец актрис Елены и Ольги Аросевых.

100 Михаил Ефимович Кольцов (при рождении – Моисей Хаимович Фридлянд) (1898–1940), русский советский писатель, публицист и общественный деятель, журналист, заведующий Иностранным отделом Союза писателей СССР. Активный участник Октябрьской революции, в 1918 г. с рекомендацией Луначарского вступил в РКП(б), в том же году заявил о выходе из партии, объяснив открытым письмом, что ему не по пути с советской властью и ее комиссарами. С 1919 г. служил в Красной Армии, работал в отделе печати наркомата иностранных дел. Как журналист много работал в жанре политического фельетона. Посетил многие страны мира, из них некоторые – нелегально. Во время Гражданской войны в Испании (1936–1939) был направлен туда как корреспондент «Правды» и одновременно негласный политический представитель властей СССР при республиканском

Где Тарасов-Родионов[101]? Где Галина Серебрякова[102], виновная в том, что была женой Сокольникова[103]?

правительстве. Арестован 13 декабря 1938 г. в редакции газеты «Правда» без ордера на арест. Обвинен в «антисоветской троцкистской деятельности и в участии в контрреволюционной террористической правотроцкистской организации». На следствии подвергался пыткам, оговорил более 70 человек из числа своих знакомых. Казнен 2 февраля 1940 г. 18 декабря 1954 г. реабилитирован посмертно.

101 Александр Игнатьевич Тарасов-Родионов (1885–1938), русский советский писатель. Член партии с 1905 г. Принимал активное участие в Февральской и Октябрьской революциях. Участник гражданской войны. Резко полемизировал с Львом Троцким и другими сторонниками использования бывших офицеров в РККА. Дебютировал в художественной литературе произведением «Шоколад» (1922), это же и наиболее известная его повесть, посвященная событиям гражданской войны и содержащая апологию «красного террора». Входил в различные литературные группы, затем в Российскую ассоциацию пролетарских писателей (РАПП). В 1931 г. во время командировки в Берлин уговаривал Владимира Набокова вернуться на родину, «чтобы воспевать там радости жизни – колхозной, партийной, деревенской». В 1936 г. исключен из Союза писателей. 27 апреля 1938 г. арестован по обвинению в шпионаже, 3 сентября приговорен и в тот же день расстрелян. Реабилитирован посмертно в 1956 г.

102 Галина Иосифовна Серебрякова (урожд. Бык-Бек) (1905–1980), русская советская писательница и журналистка, автор романов о Марксе и Энгельсе. Член РКП(б) с 1919 г. В 1923–1924 гг. была замужем за крупным большевистским деятелем Леонидом Серебряковым, с 1925 г. – за первым наркомом финансов Григорием Сокольниковым. Для сбора материала к роману о Карле Марксе по особому разрешению ездила в Западную Европу. В 1936 г. арестована вслед за мужем, исключена из партии за «потерю бдительности и связь с врагом народа». В июне 1937 г. выслана в Семипалатинск вместе с матерью и двухлетней дочерью, там в декабре была вновь арестована и в 1939 г. приговорена к восьми годам заключения как «жена врага народа». В 1945 г. была освобождена и поселилась в Джамбуле, где работала фельдшером. 28 мая 1949 г. Галина Серебрякова была вновь арестована и приговорена к 10 годам лишения свободы по обвинению в «контрреволюционной агитации и участии в контрреволюционной организации». В августе 1955 г. она была освобождена из заключения и направлена в ссылку в Джамбул, но вскоре была освобождена и из ссылки. В 1956 г. была полностью реабилитирована и восстановлена в партии; возобновила писательскую деятельность. В последние годы жизни стала верующей, оставаясь при этом убежденной коммунисткой.

103 Григорий Яковлевич Сокольников (при рождении – Бриллиант) (1888–1939), советский государственный деятель. Член Политбюро ЦК

Вы арестовали их, Сталин.

Вслед за Гитлером вы воскресили средневековое сжигание книг. Я видел своими глазами рассылаемые советским библиотекам огромные списки книг, подлежащих немедленному и безусловному уничтожению. Когда я был полпредом в Болгарии, то в 1937 г. в полученном мною списке обреченной огню литературы я нашел мою книгу исторических воспоминаний «Кронштадт и Питер в 1917 году». Против фамилий многих авторов значилось: «Уничтожать все книги, брошюры, портреты».

Вы лишили советских ученых, особенно в области гуманитарных наук, минимума свободы научной мысли, без которого творческая работа ученого становится невозможной.

РСДРП(б) в октябре 1917 г. Участвовал в революционных событиях 1905–1907 г., последовательно придерживался «интернационалистических» позиций, близких к точке зрения Ленина, вместе с которым вернулся в Россию в «пломбированном вагоне» в апреле 1917 г. Составил проект новой программы большевистской партии. Являлся членом политбюро ЦК, созданного для подготовки вооруженного восстания. После прихода к власти большевиков был членом ВЦИК нового состава, редактором газеты «Правда». Автор проекта декрета о национализации банков. Вошел в состав делегации, которая была направлена в Брест-Литовск, и 3 марта 1918 г. подписал Брестский мир от имени Советской России. Участник гражданской войны. Руководил борьбой с «басмаческим» движением в Туркестане. Осенью 1922 г. Сокольников возглавил наркомат финансов. Участвовал в деятельности «новой оппозиции», лидерами которой были Каменев и Зиновьев, выступал за коллективное руководство партией, высказывал сомнения в необходимости сохранения поста генерального секретаря ЦК ВКП(б), который занимал Сталин. Резко выступал против коллективизации. В июле 1936 г. арестован по делу «Параллельного антисоветского троцкистского центра». Во время следствия был подвергнут сильному давлению; в то же время Сокольникову обещали, что его жена Галина Серебрякова останется на свободе и сможет заниматься писательской деятельностью (обещание выполнено не было). В результате на открытом судебном процессе был вынужден оговорить себя и 30 января 1937 г. приговорен к 10 годам тюрьмы. По официальной версии, 21 мая 1939 г. убит заключенными в Верхнеуральском политизоляторе. Однако при расследовании, проведенном в 1956–1961 гг., выяснилось, что убийство Сокольникова (как и Карла Радека за два дня до этого) было совершено под руководством старшего оперуполномоченного НКВД Кубаткина, действовавшего по прямому указанию Берии. 12 июня 1988 г. Григорий Сокольников был посмертно реабилитирован, 16 декабря того же года восстановлен в КПСС.

Самоуверенные невежды интригами, склоками и травлей не дают работать в лабораториях, университетах и институтах.

Выдающихся русских ученых с мировым именем – академиков Ипатьева[104] и Чичибабина[105] – вы на весь мир провозгласили «невозвращенцами», наивно думая их обесславить, но опозорили только себя, доведя до сведения всей страны и мирового общественного мнения постыдный для вашего режима факт, что

104 Владимир Николаевич Ипатьев (1867–1952), русско-американский химик, генерал-лейтенант Русской императорской армии, профессор, академик. После Октябрьской революции отказался уезжать на Запад. Собрал прежний состав Химического комитета и уговорил их работать на новое правительство. Был председателем комиссии при Химическом отделе ВСНХ, председателем комиссии по химической промышленности при правительстве. После революции основал несколько химических исследовательских центров в СССР. Ленин уважал Ипатьева и называл «главой нашей химической промышленности». Несмотря на это, к концу 1920-х Ипатьев перестал чувствовать себя в безопасности из-за начавшихся чисток в промышленности. Арест его учеников и коллег по делу Промпартии вызвали у Ипатьева большую тревогу. Выехав на Международный энергетический конгресс в Германию в 1930 г., решил не возвращаться в СССР, а впоследствии переселился в США. Постановлением общего собрания АН СССР от 29 декабря 1936 г. Ипатьев был исключен из состава ее членов, 5 января 1937 г. лишен гражданства СССР. Восстановлен в членах АН СССР в марте 1990 г. Похоронен в США на Свято-Владимирском православном кладбище в городе Джексон, штат Нью-Джерси. Надпись на могильной плите: «In Memory of Russian Genius Vladimir Nikolaevich Ipatieff. The Inventor of Octane Gasoline» («Памяти русского гения Владимира Николаевича Ипатьева. Изобретателя высокооктанового бензина»). Брат Владимира Николаевича Николай – русский офицер, инженер и общественный деятель, владелец Ипатьевского дома, в котором содержался и был расстрелян вместе с семьей последний российский император Николай II.

105 Алексей Евгеньевич Чичибабин (1871–1945), российский и советский химик-органик, профессор МГУ, академик. В годы Первой мировой войны организовал и возглавил Московский комитет содействия развитию фармацевтической промышленности. После революции член Ученого медицинского совета Наркомздрава РСФСР. Возглавлял Правление государственных химико-фармацевтических заводов ВСНХ. В 1930 г. Чичибабин получил отпуск и уехал в Париж[3]. Во Франции работал в различных фармацевтических компаниях. Отказался возвращаться в СССР. Вместе с Ипатьевым был лишен звания действительного члена Академии, а затем и советского гражданства. Умер в Париже. В марте 1990 г. восстановлен посмертно в членах АН СССР как необоснованно исключенный.

лучшие ученые бегут из вашего «рая», оставляя вам ваши благодеяния: квартиру, автомобиль, карточку на обеды в совнаркомовской столовой.

Вы истребляете талантливых русских ученых.

Где лучший конструктор советских аэропланов Туполев[106]? Вы не пощадили и его. Вы арестовали Туполева, Сталин!

Нет области, нет уголка, где можно было бы спокойно заниматься любимым делом. Директор театра, замечательный режиссер, выдающийся деятель искусства Всеволод Мейерхольд не занимался политикой. Но вы арестовали и Мейерхольда[107], Сталин.

---

106 Андрей Николаевич Туполев (1888–1972), советский ученый, авиаконструктор, доктор технических наук. Академик, Герой Труда, лауреат Ленинских, Сталинских и Государственных премий. Под руководством Туполева спроектировано свыше 100 типов самолетов, 70 из которых строились серийно. Туполев воспитал плеяду видных авиационных конструкторов и ученых, возглавивших самолетные ОКБ, также под руководством Туполева учился и работал основоположник советской космонавтики Сергей Ковалев. В октябре 1937 г. арестован по обвинению во вредительстве, принадлежности к контрреволюционной организации. Осужден на 15 лет лишения свободы и пять лет поражения в правах, а также конфискации личного имущества. Находясь в заключении, работал в закрытом конструкторском бюро НКВД («Туполевская шарага»). В июле1941 г. от дальнейшего отбытия наказания был освобожден со снятием судимости. Реабилитирован только в апреле 1955 г.

107 Всеволод Эмильевич Мейерхольд (1874–1940), русский и советский театральный режиссер, актер и педагог. Теоретик и практик театрального гротеска, создатель актерской системы, получившей название «биомеханика». Народный артист Республики (1923). В 1902 г. с группой актеров покинул Художественный театр и начал самостоятельную режиссерскую деятельность. С радостью принял революцию и в 1918 г. вступил в РКП(б). Заведовал Театральным отделом (ТЕО) Наркомпроса по приглашению Луначарского. Руководил Государственным театром им. Мейерхольда (ГосТиМ) и Театром Революции. В 1934 г. спектакль «Дама с камелиями», главную роль в котором играла супруга Мейерхольда Зинаида Райх, посмотрел Сталин, и спектакль ему не понравился. Критика обрушилась на Мейерхольда, его обвиняли в эстетстве. 8 января 1938 г. ГосТиМ закрыли. 20 июня 1939 г. Мейерхольд был арестован в Ленинграде. Одновременно в его квартире в Москве был произведен обыск. В протоколе обыска была официально зафиксирована жалоба Зинаиды Райх, которая протестовала против методов одного из агентов НКВД. Вскоре она была убита неустановленными лицами. После трех недель допросов, сопровождавшихся пытками, Мейерхольд подписал нужные

Зная, что при нашей бедности кадрами особенно ценен каждый культурный и опытный дипломат, вы заманили в Москву и уничтожили одного за другим почти всех советских полпредов. Вы разрушили дотла весь аппарат Народного комиссариата иностранных дел.

Уничтожая везде и всюду золотой фонд нашей страны, ее молодые кадры, вы истребили во цвете лет талантливых и многообещающих дипломатов.

В грозный час военной опасности, когда острие фашизма направлено против Советского Союза, когда борьба за Данциг и война в Китае – лишь подготовка плацдарма для будущей интервенции против СССР, когда главный объект германо-японской агрессии – наша Родина, когда единственная возможность предотвращения войны – открытое вступление Союза Советов в Международный блок демократических государств, скорейшее заключение военного и политического союза с Англией и Францией, вы колеблетесь, выжидаете и качаетесь, как маятник, между двумя «осями».

Во всех расчетах вашей внешней и внутренней политики вы исходите не из любви к Родине, которая вам чужда, а из животного страха потерять личную власть. Ваша беспринципная диктатура, как гнилая колода, лежит поперек дороги нашей страны. «Отец народов», вы предали побежденных испанских революционеров, бросили их на произвол судьбы и предоставили заботу о них другим государствам. Великодушное спасение жизни не в ваших принципах. Горе побежденным! Они вам больше не нужны.

следствию показания. В январе 1940 г. Мейерхольд писал Вячеславу Молотову: «…Меня здесь били – больного шестидесятишестилетнего старика, клали на пол лицом вниз, резиновым жгутом били по пяткам и по спине, когда сидел на стуле, той же резиной били по ногам <…> боль была такая, что казалось, на больные чувствительные места ног лили крутой кипяток…». 1 февраля 1940 г. режиссера приговорили к расстрелу. 2 февраля приговор был приведен в исполнение. В 1955 г. Верховный суд СССР посмертно реабилитировал Мейерхольда.

Европейских рабочих, интеллигентов, ремесленников, бегущих от фашистского варварства, вы равнодушно предоставили гибели, захлопнув перед ними дверь нашей страны, которая на своих огромных просторах может гостеприимно приютить многие тысячи эмигрантов.

Как все советские патриоты, я работал, на многое закрывая глаза. Я слишком долго молчал. Мне было трудно рвать последние связи не с вашим обреченным режимом, а с остатками старой ленинской партии, в которой я пробыл без малого 30 лет, а вы разгромили ее в три года. Мне было мучительно больно лишаться моей Родины.

Чем дальше, тем больше интересы вашей личной диктатуры вступают в непрерывный конфликт и с интересами рабочих, крестьян, интеллигенции, с интересами всей страны, над которой вы измываетесь как тиран, дорвавшийся до единоличной власти.

Ваша социальная база суживается с каждым днем. В судорожных поисках опоры вы лицемерно расточаете комплименты «беспартийным большевикам», создаете одну за другой привилегированные группы, осыпаете их милостями, кормите подачками, но не в состоянии гарантировать новым «калифам на час» не только их привилегий, но даже права на жизнь.

Ваша безумная вакханалия не может продолжаться долго. Бесконечен список ваших преступлений. Бесконечен список ваших жертв, нет возможности их перечислить.

Рано или поздно советский народ посадит вас на скамью подсудимых как предателя социализма и революции, главного вредителя, подлинного врага народа, организатора голода и судебных подлогов.

17 августа 1939 г.

ПРОСВЕТИТЕЛЬ

Профессиональную принадлежность Михаила Яковлевича Гефтера (1918–1995) обозначают обычно в разного рода словарях и энциклопедиях как историк и философ, иногда добавляя – публицист. Возьмем на себя смелость объединить эти ипостаси в одной – просветитель. Один из основателей и авторов самиздатовского журнала «Поиски», сам себя он определял следующим образом (в письме американскому историку Стивену Коэну): «...я не диссидент в привычном смысле, я, если угодно, аутсайдер или, по Вашей терминологии, еретик. Я не знаю ответов заранее и пробиваюсь к вопросам, всегда готовый сделать посильное, чтобы помочь в этом другим, более молодым...».

Что отличает Гефтера от многих – слишком многих! – историков, обычно фиксирующих события и дающих им оценку, конечно же, единственно правильную, – это постоянное стремление понять историю, ее ход и поведение ее акторов, а главное – вернуть моральный аспект в размышления о прошлом, настоящем и будущем и их взаимосвязи.

Сталин и сталинизм – особая тема в наследии Гефтера. Став автором крылатой фразы (или *мема*, как сказали бы сегодня) «Сталин умер вчера», он вывел проблему из разряда сиюминутных, порожденных политической или иной конъюнктурой и ввел в категорию *вечных вопросов русской жизни*. Во всяком случае, фраза сегодня так же актуальна, как в начале 1990-х, и останется таковой, судя по всему, на обозримое будущее. За более чем 70 лет, прошедших после смерти «вождя всех народов», в российском обществе так и не сложился консенсус по поводу его деяний и фигуры, как и вокруг самого понятия «сталинизм» – они до сих пор в ранге «неоднозначных».

Представляя Михаила Гефтера, нельзя не упомянуть известного политолога Глеба Павловского, который много сделал для распространения взглядов просветителя, начиная с публикаций своих бесед с ним («Третьего тысячелетия не будет. Русская история игры с человечеством», «1917. Неостановленная революция», «1993. Элементы советского опыта», «Сталин умер вчера») до открытия в 2012 году интернет-журнала «Гефтер» с целью систематизации наследия ученого.

Заголовок книги «Третьего тысячелетия не будет», из которой для данного издания взяты мысли Михаила Гефтера, – слова, часто им повторяемые в последние годы жизни. Как писал Глеб Павловский, «это был не пессимистический жест, а справка по очередным вопросам русской истории». Гефтер хотел понять, «кто в финальной сцене Россия – неудачливый плагиатор или великий актер, выложившийся без остатка и умерший на сцене?».

И задавал вопрос себе и нам: *есть ли будущее у прошлого?*

СТАЛИН, ТАИНСТВЕННЫЙ СЦЕНАРИСТ

Михаил Гефтер

– Мы все думаем – там, где Сталин, со Сталиным нам все ясно. «Мы вам очень надоели?» – он говорит Булгакову по телефону. С кем так станут говорить? Вот я себе представляю – 1982 год, у меня идет обыск, и вдруг звонят из ЦК – мы вам не надоели?

Невольно начнешь возлагать надежду на того, кто так разговаривает! То, что делает Сталин, – игра, но хватило же у него ума повести игру с Булгаковым. Правда, есть одна деталь: Булгакову он звонил сразу после того, как застрелился Маяковский. Решил, наверное, что допустили некоторый перегиб.

Правила революций жестки – они отклоняют простую лояльность. Революция требует прямого участия от всякого и во всем подряд. Но разве революция – лишь те, кто с ней солидарен, сделал карьеру и строит жизнь по правилам, которые та предписывает?

По мере того как революция развертывается, она втягивает в себя не только сторонников и новобранцев – в движение она приводит всех. Идет уплотненное во времени и катастрофичное по средствам пересоздание человеческих судеб, характеров и отношений. И тут оказывается, что люди, маргинальные в отношении революции, но ей не чужие, тоньше схватывают перемену в человеческих отношениях.

Трое из двадцатых – Мандельштам, Платонов, Булгаков, обращаясь внутрь человека, переосмысливают революцию. Они не чужды ей, это не Бунин, нет. Трагические финалы: одного убьют в лагере; другой, непечатаемый, умрет от чахотки; третий, непечатаемый, умирает от гипертонии – мартиролог. Кто, кроме них, – Пастернак? Пастернак мог появиться раньше или чуть позже, хоть вчера; Платонов, Мандельштам, Булгаков – только в свое время. В советский век.

Меня с издевкой спросили: ну-ка, назовите крупнейшего историка советского XX века? Я говорю – Шостакович! Он в том же ряду, что Платонов, Мандельштам, Булгаков. Я бы еще поставил Шаламова перед Солженицыным. Далее – Василий Гроссман, литературный гений. Но первая тройка безусловна и неколебима.

***

Если смотреть на двадцатые годы не только сквозь Соловки, видно, что большинство людей, почти все, приняли совершенное революцией за данность и были лояльны по отношению к ней. Вместе с тем в лояльной среде сохранялась множественность творческой жизни. Были частные и кооперативные издательства, бурлила жизнь. В верхних эшелонах политики утверждалась монополия одной идеологии и слоя ее носителей, а внизу царил человеческий плюрализм. Экономически сосуществовали государственная промышленность, тресты, частные предприятия и море товаропроизводителей-крестьян. Вопрос был в том, выльется ли это в нечто стабильно нормальное или будет расценено как препятствие, подлежащее устранению.

Люди культуры были очень уверенные в себе люди! Отсюда важный психологический подтекст Сталина: нет уж, голубчики, – резвитесь, но конечный результат не должен принадлежать никому, кроме меня одного. Все обязано уместиться в мой результат, если не уместилось – невместившееся должно *прекратить быть*. Но тогдашние люди – то заигрывая с ним, то отстраняясь, пародируя и смеясь, – верили, что осилят сталинский результат, соорудив из него нечто себе по росту. Это и возраст, и затухающий импульс революции, и общая их уверенность в себе.

***

Громадную роль в сталинизме играли слухи, колоссальную. Помню слух –предвестник падения Ежова. Был тогда человек, даже внешность его по фотографиям помню, – Брускин. Был директором ЧТЗ, наркомом машиностроения, в 1938-м его посадили. Обычное дело, а тут по стране вдруг пошел слух. Будто Сталин спросил у Ежова: «Где Брускин – у вас?» – «Да». – «Привезите, я сам его допрошу». Тот замялся и говорит: «К сожалению, нельзя, товарищ Сталин». – «Почему?» – «Брускин расстрелян». Слух прошел, когда Ежов еще сидел на своем месте в НКВД. Сталинский слух был великой силой.

Но вот 1946-й, голодный год. Картошка стоит 30 рублей кило, страшно дорого. Кушать нечего. Прошел слух, будто секретарь Воронежского обкома заявил, что не может сдавать хлебопоставки государству. «Не имею права, – сказал, – люди начнут умирать, кормить нечем. А от меня еще требуют перевыполнения». Микоян на него якобы прикрикнул: «Вы обязаны это сделать! Скоро возможна война со Штатами, есть военная угроза, и стране нужны продрезервы». Секретарь обкома позвонил Сталину, и тот-де ему сказал: «Товарищ Микоян ошибается, а вы правы». Что не мешало и дальше со всех драть хлеб. Но слух играл свою роль.

Помню, очередное присуждение Сталинских премий было, и листик пошел по рукам. Очень подробный был слух, там упоминалось много людей. Сталинские премии присуждал, конечно, Сталин. Это его любимое занятие – сам все смотрел, читал. Был такой писатель Степан Злобин, написал роман про Степана Разина – между прочим, неплохая книжка. Сталин спрашивает Кружкова – а почему в списке нет Злобина? Знаменитый Кружков, завкультгруппой ЦК. После и я имел с ним дело, когда он выкинул из первого тома истории КПСС мой текст.

Так вот, Сталин говорит: «Почему нет Злобина? Хорошие книги». Идиот Кружков отвечает: «Товарищ Сталин, Злобин был у немцев в плену, есть порочащие сведения». Сведения такие, что в плену Злобин был то ли кашеваром, то ли хлеборезом. Но Сталину важней, что после писатели расскажут друг другу. «Сколько лет с тех пор прошло, товарищ Кружков? В каком году Злобин попал в плен?» – «Пять лет прошло, товарищ Сталин». – «Пора бы уже забыть, товарищ Кружков!» И все мы пересказывали друг другу это сталинское *«пора забыть»*.

Но расцвет слухов о том, что Сталин сказал, был все же после войны. А в тридцатые годы слухи заменял смех, все смеялись.

Сталин сказал: жить стало лучше, жить стало веселей – и вам теперь кажется, что это прозвучало издевательски. Хорошенькое дело: Кирова ухлопал, готовился ухлопать еще миллион, а ему, понимаете, жить веселей! Но его восприятие таких вещей несло свою избирательность, с накруткой и нарастанием решений, которые Сталин для себя принимал.

Я к тому, что нельзя сказать, будто Кирову на XVII съезде аплодировали непредусмотренно, настораживающе для Сталина, спонтанно. Нет, вообще, тогда много смеялись и охотно хлопали. Никогда столько не хохотали, как в тридцатые годы, с таким облегчением и так свободно – черта времени. Смеялись и во время речей вождя, искренне смеялись. Роль смеха в тридцатые фиксируется даже протокольно – то и дело «смех в зале», «хохот».

Мягкий смешок Сталина – это вообще его манера. Вот из рассказов того времени. Гронский был такой, ужасная дубина. Редактор «Известий» и до Горького первый председатель оргкомитета съезда. По делам оргкомитета Союза писателей его вызвали на политбюро. Сталин к тому времени поменял отношение к Демьяну Бедному, с которым прежде был в больших приятелях, и на заседании сделал замечание в его адрес, что пора критичней к нему отнестись. Подпевала Гронский возьми и брякни: у меня вообще плохие отношения с Демьяном Бедным! Сталин сразу: «А почему? Почему это у вас плохие отношения с крупным советским поэтом?» Гронский смутился, говорит: «Это, знаете ли, частный, домашний случай». «Нет, – говорит Сталин, – вы на политбюро, товарищ Гронский, рассказывайте нам все откровенно». «Понимаете, я был у него в гостях, а на стол подавали котлеты, очень вкусные. Беру вторую порцию, а Демьян мне кричит: довольно!» Сталин с Гронского не слезает: «А теперь поподробнее расскажите политбюро, какие у Бедного котлеты на вкус». Все, естественно, над дурнем хохочут.

Я всегда считал, что Сталин как автор и режиссер своих спектаклей в тайной сценарной работе много раз переписывает свою роль.

***

Тайна 1937 года – отсутствие противодействия. Почему не нашлось тираноубийцы? Знаю со слов тещи Фриновского – заместитель Ежова. После нарком военно-морского флота, затем был расстрелян. Она рассказывала, как в разгар террора к ним приходил Ежов. Минуя калитку, в полубезумном состоянии перелез через забор. И, готовя чай, она слышала из кухни, как Ежов говорил Фриновскому: «*Его* надо убрать».

А еще к этому вот рассказ однокурсника, недавно умершего Вадика Фельдмана. Его отец был замнаркома НКВД по кадрам, должность была такая – представитель ЦК ВКП(б) в НКВД. Он ведал там кадрами и от ЦК надсматривал.

В 1937 году Вадим свое получил и замолчал надолго. Лет десять назад мы с ним повидались, и он все рассказывал мне, будто на исповеди. Почему-то хотел, чтобы я знал это и запомнил. Среди прочего такую сценку.

Август 1937 года, в Тушино парад авиации. Вадима очень туда тянет, и отец говорит: «Что, посмотреть хочешь?» – «Да, но если с товарищем». И отец приносит два пропуска! Двум молодым людям, одного из которых вообще не знает, он выписывает пропуск на правительственную трибуну. Стоим мы там, рассказывает Вадик, рядом Сталин и вожди, включая Ежова, – подходят к столу с закусками, пьют. Друг ему говорит: давай и мы поедим. Они поели. Конечно, соответствующие ребята охраны на них поглядывали, но, видимо, принимали тоже за соответствующих парней.

Убрать Сталина им всем ничего не стоило. Они были хозяевами положения – и они молча, покорно ждали своей судьбы.

***

Мы были третьим советским поколением, и мы не распознали в сталинизме потери выбора. Выбор сделали за нас и до нас, а нам до́лжно было всей жизнью его оправдать, включиться, найдя свое место в рамках выбора, сделанного отцами. Но страшней всего, чего вам уже совсем не понять, – мы не видели в происходящем катастрофы. Но мы не были черствы, как карикатурный Павлик Морозов. Страстная потребность владела нами: уразуметь! Гибели буквально окружали нас, выхватывали близких из нашей среды, а мы все искали, как согласовать это с идеей раз навсегда сделанного выбора и будущей жизни в его пределах.

А вот другая картинка. В тот день было выступление Сталина, известное фразой, которая после вошла в обиход и дала название книге Гроссмана: *руководители приходят и уходят, только народ бессмертен, товарищи*! И я помню наше с другом ощущение... как бы это назвать? Счастья! Счастья удовлетворенной потребности в том, чтобы все наконец стало на место. Чтобы картина мира, где нам жить, не разрушилась. Дочитав речь, мы с другом радостно переглянулись – теперь нам все ясно. Но *что нам было ясно?*

Думаю, вам сегодня этого не понять. Но хочу быть точен в передаче тогдашнего настроения. Важно не то, что мы приняли это за объяснение, – хотя каким оно было объяснением? Но в мире советской метафизики, сопровождаемой лаконичным словом и образом Сталина, нам от этого *физически буквально стало тепло.* Возникло ощущение, близкое к счастью! Хотя и у него, и у меня уже были личные утраты из-за террора, и вскоре нам самим предстояли крупные неприятности – все теперь не имело значения.

Я не утверждаю, что такое типично. Но для советской молодой среды моего поколения это было господствующим настроением.

***

У Сталина ясно выражен перенос его преступлений на жертвы. Перечитывая газеты 1940 года, нашел сообщение в «Правде» после убийства Троцкого: обычный набор слов о «реставрации капитализма», но что выделяется главным?

Организатор убийц Троцкий! Я уверен, что это надиктовал Сталин сам, другой так не напишет. Во-первых, русский не скажет «организатор убийц», он скажет либо «организатор убийств», либо «предводитель убийц». Главное же, Сталин Троцкому приписывает роль «организатора убийц», хотя это он самолично подсылал к Троцкому убийцу за убийцей.

Бухарин ему пишет с Лубянки и, казалось бы, знает Сталина. Нет же – демонстрируя полное его незнание: Сталин не переносит разговоров про смерть. Тем более когда это подразумевает и его самого.

Есть пяток версий телефонного разговора Бориса Леонидовича Пастернака со Сталиным о Мандельштаме. Пастернак не понял замысла Сталина: тому нужно было, чтоб Пастернак упрашивал его спасти жизнь Мандельштаму – а Борис не понял, чего от него ждут!

Он же мастер, мастер – намекает Сталин, а Пастернак ему в ответ про то, что у них с Мандельштамом разногласия в стихосложении. Да ему стыдно говорить с Кремлем из коридора коммунальной квартиры: соседи услышат! Разговор явно захлебывается, и Пастернак молит Сталина: «Я хочу с вами еще разговаривать!» – «О чем же?» – «О *жизни и смерти*!»

Сталин бросает трубку. Разговор прерван, и Сталин никогда больше не желал слышать Пастернака.

Оказывается, ему легче быть виновником смерти миллионов людей – человек для этого оправдание в себе найдет. А убить одного-единственного друга оправдание найти трудно и едва ли возможно. Не говоря о том, что Сталин не присутствовал при казнях. Хотя пули, которыми застрелили Бухарина и других, извлеченные из их тел, он разглядывал.

***

Бухарин на Лубянке выступает в двух лицах. Что до «троцкистов», те у него последние подлецы и, конечно же, контрреволюционеры. В отношении их для него допустима уверенность, что они в союзе с Гитлером. Даже если объяснять это тактикой самозащиты, все выглядит скверно, если не гнусно, а главное – не соответствует складу характера Бухарина. Но он себя уверил и теперь в этом уверен. А уверившись, что они могли такое сделать, какие основания у Сталина не распространять это подозрение на него?

В пределах этого речевого поведения все преимущества на сталинской стороне, и, согласно сэру Исайе Берлину, сталинцы искренни, хотя некоторые догадываются, что им грозит. Их реплики на пленуме 1937 года кошмарны, это лексика кандидатов в мертвецы.

Из них не вырывается простая реплика здравого смысла – да быть же такого не может! А почему она не вырвалась? Расшифруем их логику, так называемую *логику классовой борьбы*. Согласно той, любой проигрывающий в классовой борьбе, оставаясь в ее пределах, вправе хвататься за любое средство – такова норма! Классовый императив *разрешает* терпящему поражение применять *любые средства неограниченно*.

В эту норму не входит нравственное самоограничение: я человек, и так я не поступлю ни за что.

Поскольку у истории есть человеческое содержание, утрата выступает деградацией речевого поведения. И возврат в этом случае станет возможным только на самом краю их жизни. Для этого каждому коммунисту, как королю Лиру, надо стать голым человеком. Тогда только в поведении и сознании его восстанет зыбкий контур другой жизни.

Это невозможно, пока люди ставят логику «вражеского окружения» и «террористической деятельности» в один ряд с приверженностью к буржуазной демократии. Для них это были вещи одного порядка, стоящие в одном ряду мотивов. Грубо говоря – раз ты за буржуазную демократию, почему тебе не убить Кагановича? Ведь это норма классовой борьбы.

Отчего могучий левый Запад капитулировал перед Сталиным и оказался разоружен перед лицом фашизма? Они так далеко зашли в критике буржуазной цивилизации, что не находили опоры в ее пределах. Тогда последняя оставшаяся им опора – сталинская Москва и могущество Красной армии. Если и их не станет, ресурсов не остается вообще – что и случилось после советского пакта с Гитлером.

Тогда только – я говорю упрощенно – пришел боевой экзистенциализм европейского Сопротивления как новый человеческий ресурс. Человек на краю, признающий свою смерть смертью, воздвиг соответственный поступок. Руководствуясь знанием того, что его *смерть важна* и что *память* – иное имя смерти. Ты следуешь нормальности смерти как исчерпывающего подытоживания жизни? Этим ты входишь в память, ибо мертвые однажды воскреснут. Где? В памяти, где ж еще им воскреснуть! Я не только разъясняю этим свое понимание писем Бухарина Сталину с их контуром человечного безумия.

Все наше месиво судеб и страшно свершившихся фактов можно рассмотреть под углом зрения *отсутствия выбора*. Тему Сталина можно назвать катастрофой выбора.

***

Альтернатива 1934 года (если так ее условно назвать) – страшно интересна. Ее надо сопоставлять не с 1929-м, а с 1921–1922 годами – когда сам ход событий вынес альтернативность в политическую повестку.

После победы курса коллективизации все устремилось в русло регулярного протекания. И множество факторов к этому фрагментарно подводили. Перечислять их долгое дело, они разнопорядковые. Они захватывают экономику, как снижение темпа индустриализации. Они захватывают сферу культуры – возникает Союз писателей СССР. Они вторгаются в сферу идеологии – в отношение к русской истории, к прошлому. Все они разнолики, а не проекции чего-то единого, лишь распределенного по секторам. Их пестрота ставит вопрос перевода фрагментарной нормализации в политику. И процесс к этому действительно двинулся. О *сталинской оттепели* середины тридцатых можно говорить совершенно уверенно. Ее фрагменты должны были соединиться в нечто целое – но во *что*?

Произошло же вот что: Сталин замкнул эти фрагменты на их эрзац и проиграл свою альтернативу *лидера советской нормализации*. От его «Головокружения от успехов» до декабря 1936-го, до Конституции, альтернатива была спародирована, проиграна, а затем зверски умерщвлена в 1937–1938 годах.

***

Как возрастает (это тоже ведь черта времени, нуждающаяся в объяснении) роль *одного человека*, действительно оказавшегося способным соподчинить себе огромный процесс? Ее нужно объяснить, преодолев магию «графика злодейств», сегодня представленную антисталинизмом. Такова же, кстати, аберрация в отношении Гитлера: некий готический упырь в тайниках своей души продумал календарь предстоящих злодейств на целый век и захватил власть, чтобы организовать работу по графику! Нет же – *все не так*.

Известная, многократно отмеченная черта Сталина – он берет *чужую* программу и включает ее в *свой* сценарий. Та принимает новые свойства и работает на его задачу, чем образует для всех непредвиденно обескураживающий фактор. Коллективизация по Сталину – не совсем то, что предлагали Преображенский с Троцким, а последующее было и вовсе не то. Но из 1934 года (если брать его как рубежную дату) все гляделось по-другому.

С одной стороны, фрагментарная нормализация казалась еще одной удобной программной подсказкой для Сталина. То обстоятельство, что режим вышел из предкатастрофы коллективизации без краха, а сам Сталин даже политическим победителем – предрасполагало его *присвоить альтернативу*. Фрагменты нормализации объединить под своей эгидой в программу, наперед задав свое лидерское место в ней и приспособив к личному руководству.

Но тут сразу два вопроса, первый: поддавался ли нормализации сталинский результат? И второй: устраивало ли это Сталина? Желавшего оставаться единоличным *хозяином обстоятельств*, а не *лидером* – первым среди равных.

Вероятно, впервые у Сталина тогда возникла нужда в особой тайной сценарной программе. Инстинкт сохранения себя *хозяином обстоятельств* – непрерывно приспосабливающим их к себе, в способности к чему его уверил 1930 год, – диктует ему, что теперь сами обстоятельства должны стать другими. Их можно приспособить к Сталину, только если им придавать, причем всегда, постоянно и наново – черты неостывающей экстремальности. Для этого Сталину надо было поменять обстоятельства! Фрагменты которых ему следовало рекомбинировать и собрать в неузнаваемом виде, лишив их малейших следов альтернативности.

Теперь и от себя ему нужно нечто новое, чтобы самой природой своей (на уровне речевого инстинкта, предсознания) вечно опережало сцепку этих фрагментов в норму и вытравляло из них альтернативность. А для этого ему самому, *Сталину, нужен новый Сталин.*

Здесь в условия будущего переворота (ибо это был великий и страшный переворот) входит *прелиминарное уничтожение альтернативности* – как актуальной потенции мышления и как потенциала личности. Опережающая ликвидация Сталиным всего несовместимого с его ходом мысли требовала реального вживления сталиноподобия в советскую антропологию. Отвечающего всегда заново творимым им обстоятельствам.

Предальтернативность не просто идет по угасающей, ее не просто свертывают. Идет ее мозговой слом и ампутация – с замещением органически ей противным, но опережающим ее, следовательно, всегда чем-то *новым*! Надвигается советская катастрофа выбора, даже в тех узких пределах, какие еще оставались для него прежде.

***

Арифметическая версия сталинского «списка злодеяний», где к исходным добавляются одно за другим новые и новые, по документам не проходит. Сегодня просматривал телеграммы Сталина. Оказывается, еще перед Шахтинским процессом в Донбасс ездила комиссия политбюро: Молотов, Каганович, Томский и Ярославский. Томский тогда прямо указал на разгильдяйство и развал управления как причину аварий. Остальные, конечно, твердят про вредительство и «заговор врагов». Но есть телеграмма Сталина в Донбасс – одернувшего Ярославского, который выступил в местной прессе про заговор. Он пишет: не произносите там громких речей и не печатайте такого в газетах! Видно, у Сталина уже был свой взгляд на вещи: можно сколько угодно твердить рабочему про темпы индустриализации, но без картины казней за провал темпов не добьешься. Теперь ему требовались грандиозные исторические спектакли.

Иначе выглядит и картина всего, что предшествовало его знаменитой статье «Головокружение от успехов». Речь, собственно, о том, как Сталин ушел от почти неизбежной катастрофы из-за авантюры с коллективизацией. Катастрофа надвигалась неумолимо, и первыми виновниками ее были сами сталинские функционеры.

Пошли так называемые «перегибы», начинаются крестьянские восстания, дело приняло крутой оборот. И ни один член политбюро, которые выезжали на места, ни Калинин, ни другие об угрозе ему не докладывают и вопроса об отступлении не ставят.

Сталин шлет по стране телеграммы: приостановить коллективизацию! Никакой реакции. Последняя его телеграмма, посланная этим всемогущим сталинским партсекретарям, начинается так – страна на краю катастрофы, антиколхозное движение перерастает в антисоветское повстанческое. Бросить Красную армию, крестьянскую по составу, на подавление крестьянских восстаний – значит ее разложить и открыть границы врагу. ЦК предлагает вам немедленно прекратить – никакого впечатления!

Вот когда появляется знаменитая статья «Головокружение от успехов» – и Сталин навсегда входит в роль Спасителя. А сталинский функционер – в роль будущей жертвы.

***

Коллективизация, или сталинская «революция сверху», развернулась неожиданно и для Сталина. Она происходит по принципу нерешаемости сложных проблем – при таком их упрощении, которое своей технологией неожиданно нашло для себя социальную опору в миллионах зверски атомизированных людей. Вот что Сталин во время коллективизации назвал «революцией сверху». Каждая революция все-таки коренная перемена отношений собственности и власти, и в коллективизации перемена отношений собственности очевидна. Уничтожение общины, частного владения землей, крестьянства вообще.

Порабощающая атомизация, при которой каждый в отдельности символически восходит к самому верху власти. Сломав весь деревенский уклад жизни, Сталин создал нового человека, выплеснув его частью в лагерь других – людей с тачками, которые строят Магнитогорск, в города, а большую часть оставил в колхозах. Посмотрите биографии будущих функционеров, включая военных, – почти все выходцы из крестьян. Атомизация миллионов людей, изгнание их на стройки, в аппарат власти создало социальную твердь сталинизма. Но есть и помехи, в один раз не решилось – помехой окажутся люди, которые разрушали деревню, а теперь сами стали хозяевами и опекунами колхозов.

***

Великий коммунистический эксперимент закончен. В этом один из трагических моментов и моего личного бытия в эти годы. Я ощущаю себя последним из могикан – хотя понимаю, что не на мне лично история обрывается и я не та личность, чтобы оборвалось на мне. Однако товарищ Сталин прав: русские либо *нация недоступного человечества* среди существующих наций, либо ничто.

В некотором смысле Сталина можно назвать учеником Маркса даже больше, чем Ленина. Со слов свидетеля помню разговор Сталина с Бухариным о кулачестве. Бухарин будто бы ему возражал – а ты подсчитал, Коба, сколько миллионов крестьян придется принести в жертву? Сталин ему – ну и что, Бухарчик? Ты не забыл статью Маркса о «Британском владычестве в Индии»? Пойди перечитай, про жертвы там все хорошо сказано.

Как менялось в тридцатые представление о социализме? Шло речевое оформление нового коллективного бессознательного. Разбуди меня мальчиком в двадцатые ночью и спроси: что такое социализм? Я бы отрапортовал: *три «без» – без денег, без классов, без государства*. Как вдруг Сталин – «одни мелкобуржуазные уроды верят в труд без денег». Докладывая по Конституции, Сталин разъяснил, что при социализме классы есть, а уж государство – само собой. И нелегко сегодня представить наше потрясение от импортного клейма: *пятая колонна внутри СССР*.

***

Кажется, какое значение у слов, когда людей убивали, пытали в застенках? Нет, значение имеют. Бинарность «свое – чужое» по совершенно другим признакам. Сперва был термин *белогвардеец*. За ним в другую эпоху явился термин *вредитель*, функциональная характеристика. Вредитель – кто это? Это специалист буржуазной формации, связанный с каким-нибудь Торгпромом, бывал за границей. А кто *враг народа*?

На расстоянии это кажется тривиальным, но «враги народа» означали ментальный сдвиг. Это понятие и раньше мелькало, но не особо срабатывало. Оно не было функциональным. Один бывший работник НКВД, он еще в Ленинграде молодым работал, мне рассказывал – мы спросили Ежова, почему арестовали Медведя, а он и говорит: Медведь не понял, *что враги Сталина – это враги народа*. Терминологическая перемена делает террор резиновым: во враги народа можно вогнать любое число людей. А их вычеркивание из жизни «проясняет» само понятие народа: народ – все за минусом «врагов народа», кто их уличил и исторг.

Поздней это увяжут с идеологической глорификацией царских полководцев и патриотизма. Сужаясь, понятие *своего* укореняется заново. Десятилетиями складывалось понятие *всемирного отечества всех трудящихся*, и вдруг семантический переворот. Скажем, Бухарин в «Известиях» обмолвился, как социализм меняет людей, – пришли стахановцы, а *нация обломовых* ушла в прошлое. На другой день разгромная статья в «Правде» – никакой «нации обломовых» не бывало!

«Нация обломовых» – о старой России так выражаться стало уже нельзя. Потом все начнет увязываться в «свое – чужое» и в плане этно-национальном. В СССР появятся *советские нации*, появятся нации *некоренные*, а затем и *народы-враги*. Все это сперва еще по инерции работает на антифашизм, затем – на русское национальное чувство. А вместе является перековкой *советских людей* в советских *государственных русских*.

1937 год был еще и операцией на русском языке. Пытками добивались повторения терминов, разнесения себя и близких по их категориям. Впоследствии самые травмирующие образы народная память табуировала. Классический пример – *ежовые рукавицы*: те выпали из речевого употребления навсегда.

***

Кто такой Сталин в стабильной ситуации? Перейти к регулярному существованию на базе всех этих новаций? Или искать точку для другой, еще не известной ему самому экстремы?

Вот, например, 1934 год, уже после съезда 17-го – с триумфом Сталина и покаянными речами бывших лидеров. Кошмарная речь Бухарина (первый набросок обвинительного заключения против него был взят из его речи на этом съезде). И потом, где-то весной, совещание первых секретарей – и чего те хотят? Политотделы закрыть, восстановить советскую власть. Калинин в мягкой форме, Киселев, секретарь ВЦИКа, Киров наиболее резко говорят: речь не только, чтобы закрыть политотделы, – надо восстановить советскую власть на селе! Покончим с чрезвычайными комиссиями и восстановим советскую власть.

Но вмешивается Сталин. В свойственной ему манере: чего не хочет – не слышит. Говорит, вы все тут радетели колхозников, за колхозы стоите. А если в колхозах все будут жить хорошо, кто пойдет в шахты добывать уголь? Кто пойдет рубить лес, я спрашиваю?

Казалось бы, что такого? Нет, это очень важная симптоматика. В отличие от Бухарина с его «пониманием Ленина», кое-что в Ленине Сталин уловил глубже. Он помнил, как Ленин противился продналогу в предчувствии, что, сделав первый шаг, придется идти дальше к нэпу и еще дальше.

А перед ним уже выстроилась железная когорта вождей: первые секретари, вся власть на местах у них. Все – *сталинцы*, люди регулярного дела, с неотъемной властью на местах. Одно ОГПУ было экстерриториально, и то не вполне. А было еще голосование на XVII съезде. Думаю, пресловутые сотни голосов «против Сталина» – легенда, но Сталину хватило и трех-четырех «за» Кирова, чтобы понять угрозу.

Чего добивался Сталин? Сделать советское пространство максимально соподчиненным, а для этого унифицированным. Конечно же, и национальный компонент в идее террора не мог не присутствовать – поскольку ты унифицируешь все, ставя целью привести к абсолютной однозначности. Именно в оттепель 1934–1936 годов появилось понятие *национального своеобразия* – бесконечные приемы национальных представителей в Кремле, переводы эпосов, юбилей «Манаса» и так далее.

Сталину теперь надо *сломать созданную им систему*. Страну сделать максимально, до абсолюта соподчиненной ему, но как? Сталин одинок, и отсюда прямо вытекает – террор.

Так вызревает Большой террор. Вывести его из паранойи Сталина нельзя.

***

В речи на суде Бухарин почти уже верит во все, что говорит. При всей их полярности, в важных точках характера Сталин ему очень близок. Он вошел в его роль, принял ее и исполняет с достоинством. Это не забитый Рыков, говорящий вымученные слова. Нет, Бухарин говорит – мы, заговорщики, парни раздольные, лихие и свое контрреволюционное дело делали спустя рукава. Сюжет его заключительной речи – заговор был, но велся вполсилы. Так он подводит к доказательствам, что шпионом не был, Менжинского не убивал и вообще не причастен ни к одной смерти. С другой стороны, зачем Бухарину вообще затрагивать этот сюжет? Мы, мол, неполноценно делали свое злое дело, без убежденности в том, что его вообще надо делать, – и якобы это все Гегель называл *несчастнейшим сознанием*...

Случай Бухарина уникален, надо давать отчет. Его не подвергают телесным пыткам, дают в камеру столько книг, сколько закажет. Он пишет там философский трактат и роман, препираясь с наседкой Зарецким. Надо же быть в состоянии творить на Лубянке столь энергическим образом.

На февральском пленуме 1937-го Осинский выступает и, спасая себя, говорит: «Да что вы с ним обсуждаете? Отправляйте его на Лубянку!» И тут же рассказывает, как встретил Бухарина на улице и тот признался, что не понимает категорий «противоречие» и «качество». Выходит, даже для сдавшегося Осинского это все еще существенно.

Бред истории – моя любимая тема. Бреда на пленуме много, но на уровень *высокого абсурда*, фундаментального для Homo sapiens, поднимаются только двое – Сталин и Бухарин. Зато самые подлые там Ежов, Каганович и Молотов. Молотов Бухарина прямо толкает в могилу. Но когда он обвиняет его в приверженности к буржуазной демократии, Бухарин напоминает про 7-й конгресс Коминтерна. «А помните, – говорит, – мою речь против буржуазной демократии на Учредительном собрании?» В их среде все еще привычно помнить о Коминтерне, марксизме и Учредилке.

У Бухарина на пленуме никакого ресурса оборонной наступательности. Появится таковой на Лубянке, когда он встанет на путь признания – и обретения новой идентичности. А найдя, вступит в бой с Вышинским. Только по частным вопросам, но – в бой!

***

Идет февральский пленум. Бухарин уже и террорист, и вредитель, и человек, входящий в союз с Гитлером. Как вдруг Сталин ему говорит: «*Ты должен войти в наше положение*...». Что это? Можно сказать, Сталин ваньку валяет: ясно же, что он назначил Бухарина к смерти. Но зачем он это говорит? Нейтрализовать возможное противодействие членов ЦК новой казни? Незачем после того, как те отправили на тот свет Зиновьева с Каменевым. Или это зачем-то самому Сталину нужно?

Есть слова, которые запомнила старуха Дан Лидия Осиповна – родная сестра Мартова и, кстати сказать, жена Дана. Что самая человечная, может быть, даже единственная человечная сторона в Сталине та, что он не мог допустить, чтобы кто-то был в чем-то лучше его. Но что это значит при растворении частного существования в политическом? Которое, в свою очередь, трактуется по законам окончательного решения? Это означает, что Сталину нужно изыскать сценарий, в котором Николай Бухарин превратится в человека, *удостоверяющего правоту* его, Сталина, при отправке на смерть. Причем сценарий должен был стать общим для них обоих.

Бухарин говорит в письме-завещании: я ничего не замышлял против Сталина. И он скрупулезно честен. Он действительно ничего против него не таил, вообще ничего. Но то, *как* он разговаривал, было для Сталина явным умыслом против него. Слабость, не нашедшая собственного языка, – соучастник своей и чужой гибели.

***

Сталинская оттепель. Классическая предальтернативная ситуация. Иногда думаю – боже, если б Сталин умер в 1934 году! Только-только стала спадать чрезвычайщина – в России это 1933–1934 годы. Функционеры, загонявшие мужика в колхоз наганом, стали местными секретарями и теперь защищают колхозников – они теперь их люди. Первый секретарь тогда – крупная, ни с кем не сравнимая фигура.

Что дальше? Такое пережили – что далее, чем продолжать? Не войну ж начинать. Что предшествует террору? Стабилизация, разрядка. Фразу «сын за отца не отвечает» сегодня считают образцом лицемерия. А тогда она вызвала миропотрясение. Выступает парень, тракторист с Алтая или с Сибири – передовик на совещании передовиков, и едва начинает – «я сын бывшего кулака…» – как Сталин вдруг его перебивает: *Сын за отца не отвечает*! Это был ментальный переворот. Естественно, и его связали с именем Сталина. Снижаются темпы индустриализации с передвижкой в сторону группы Б. Акты на вечное пользование землей колхозами, новый устав сельхозартелей. Отмена классового набора в вузы. Седьмой конгресс Коминтерна – антифашизм впервые выдвинут в центр. Наконец Конституция 1936 года. Конституция альтернативна в резчайшем смысле: ее надо либо принять всерьез, либо террор – средней ситуации быть не могло.

Представьте Сталина в этой ситуации. Он лидер этой стабилизации – и всеми фибрами чувствует, что далее он ей станет не нужен. Жизнь перестает быть экстремальной. Испаряются основания чрезвычайщины в структуре власти. Но что вместо?

Стержень психики и поведения Сталина был *страх оказаться лишним.* Он проявился впервые в дни конфликта Ленина по национальному вопросу и далее всегда в нем гнездится. Это маниакальность неостановленной революции, усугубленная личной манией. Она так глубоко засела в жизни, что Ельцин не подозревает – и у него есть мания экстремальных ситуаций, хотя о Сталине ничего толком не знает. Из природы продлеваемой революции вытекает потребность создавать экстремальные ситуации. Экстремальные ситуации создали Сталина и сделали его необходимым. Расширяя пространство власти, они возвышали его в глазах всех, а главное – в его собственных глазах.

***

Рассматривая вопрос о реальности курса нормализации после сталинской «революции сверху», скажу про *культ сталин-*

ского результата. Он обуял тогда всех, от рядовых до высоколобых и даже вчерашних яростных оппонентов Сталина.

В архивах есть письмо Троцкого Сталину 1933 года, где Лев Давидович предлагает вернуться в СССР! Заверяя Сталина в лояльности, с условием, что сохранит право на собственные взгляды. Но в главном Троцкий Сталина признал и согласен идти под его руководство. Культ сталинского результата овладел и главным противником Сталина!

***

Был ли в тридцатые вообще другой политический выход? Другой и в то же время сталинский? Выход был в том, что мировые деления, заложенные в большевизм прошлым – капитализм и социализм как взаимоисключающие понятия, равно притязающие на земной шар, – признать *нерабочими*. Символами, ставшими аберрацией, поскольку возник фашизм и прежние взаимоисключения упраздняются.

В антифашистской политической логике – мы *очеловечиваем результат* двух революций, Ленина и Сталина, укрепляя его как главный антифашистский барьер. Кстати, это соответствовало бы альфе и омеге их большевистского существования: мы закладываем в основу очеловеченный сталинский результат.

Возникает империя антифашистского могущества – СССР. При этом не исключалась превентивная война с фашизмом, и уверяю – с победным счетом для армии Тухачевского – Уборевича. В 1942-м Сталин упрекал Баграмяна – что так плохо воюете? Вы же ученики Уборевича!

Сталин сценарист по натуре. Он подставлял себя вместо них, рисовал картины, как бы он сам на их месте справился со Сталиным, – и далее исходил из этого, как из несомненной реальности. Сценариями он себя убеждал – вот так бы изменил Тухачевский, а вот так бы по Сталину нанес свой удар Бухарин… Была перед 1937-м и реальная основа интриги – высшие военные сговаривались между собой убрать дурака Ворошилова из наркомов. Даже согласие Гамарника получили, что важно, – ведь Гамарник в армии представлял ЦК.

***

Сталин тридцатых стоял перед проблемой выхода. Оргия коллективизации, бывшая фактически побочным результатом внутрипартийной борьбы, закончилась его победой. *Утрамбовавшаяся революция* жаждала стать еще чем-то, поскольку революция себя законченной не объявляет, – и тот, кто это скажет первым, страшно рискует. Всем ходом предшествующего – войной, военным коммунизмом, монопартией ВКП(б) – в роли итога подсказывалось *могущество.* Сложилась схема: *капиталистическое окружение – угроза интервенции – могущество.* Каждый раз инсценируем крайность положения, добиваясь согласия на лишения, – а с людьми расплачиваемся могуществом.

А что в это время в западном мире? Люди едва очухались после Первой мировой войны, и тут Большой кризис. Обвал столь же мировой, как война. Такой катастрофы Запада не было за все время капиталистического общества после XVI века! Полярные точки отчаяния – Штаты и Германия, и поиск выходов пошел именно там.

Вроде бы каждое из событий прямо не обусловлено, но их совпадения во времени образуют реально нарастающую связь. События перекрещиваются – Рузвельт начал президентство с двух символических акций: отменил сухой закон и дипломатически признал Советский Союз. Гитлер стал канцлером. Нацисты устроили выборы, но коммунисты на них все же получили шесть миллионов голосов – еще была сильная партийная сеть. КПГ могла попытаться ударить, но нуждалась в советской поддержке. Один из ближайших к Тельману, стратег компартии Нейман, едет в Москву за помощью, а Сталин ему: какая поддержка? Вы поглядите, что у нас творится в деревне!

Любопытно, ведь это значит, что он уже пересматривает пределы своего триумфа.

Гитлер, поскольку его курс получил поддержку немцев, идет на поэтапную ликвидацию версальской системы – что входило и в программу мировой революции, еще со времен Ленина. С другой стороны, выход из предкатастрофы коллективизации, где в 1930-м все повисло на волоске, для Сталина стал моделью выхода навсегда.

Утвердился стереотип сталинской политики: создание *предкатастрофических экстремальных ситуаций*, выход из которых укрепляет единовластие. Придает культовое, религиозное отношение к *человеку-спасителю*, способному вывести народ из предгибели, им же затеянной. Губитель, сдвоенный с Вызволителем, – это глубиннейшая мифологическая сцепка.

Почему каялись, примирялись и внутренне капитулировали вчерашние враги и оппоненты? Почему непартийный интеллигент пошел за Сталиным? Это не только миф могущества – распоряжения миллионными множествами людей, в кратчайшие сроки меняющих место и образ жизни. Это еще особая *персона* человека, якобы способного вывести себя и других из любых бедствий!

По этому персональному признаку я объединяю троих: Рузвельта, Гитлера и Сталина. Но как распорядятся персоны и их режимы спасением от катастроф, вселяющим сакральное отношение к власти? Власть разная, и природа властей обернется различием формы выхода и его последствий.

Конечно, задним числом во всем, что делал Гитлер, видна авантюра. Он верно рассчитал, что западные демократии не могут рисковать новой мировой войной, когда еще не выветрилась память о первой – «Великой». К 1939 году он добился почти всего, чего можно было добиться, не проливая немецкой крови. Ликвидируя версальскую систему и вернув Германии статус великой державы. Как писал немецкий публицист-антифашист, если бы Гитлер умер к этому времени, он вошел бы в галерею национальных святых. Но такова ли была природа его режима?

Фашистскому режиму нужно постоянно обновляемое *поприще риска*, выигрышей и успешных авантюр для удержания народной массы в очарованном подчинении. А это требует все новых сенсаций, волшебных по воздействию на умы. Ставки только растут, снизить их нельзя. Это не пробел в стратегии, а природа режима и его лидера. Человек, который путем чудес вывел немцев из социального отчаяния, нуждается в следующих чудесах. Только обновляя ситуацию крайнего риска, он всякий раз заново подтверждает и наращивает сакральный фундамент единоличной власти. Расизм на это тоже сработал, но был далеко не так важен, как думают.

Номинально спор идет о «данцигском коридоре» и территориальных приращениях за счет Польши. Хотя после наглейшего поглощения Чехословакии общественное настроение в Англии переменилось, но, не исключаю, Лондон бы пошел на еще одну, последнюю умиротворяющую уступку. Но теперь уже самому Гитлеру не нужен был второй Мюнхен. Теперь ему нужна *настоящая война*, с настоящей и тоже *волшебной военной победой.*

Но примешивается новый момент: Гитлер эту *свою* войну с гарантированной победой не мог устроить *без СССР*! Отсюда начинается его путь к Сталину, и тут оказывается, что Сталину *тоже нужна война*.

Никогда Сталин не был настолько силен и популярен. Он рассматривался всеми как победитель и лидер умиротворения. Всякий шаг, касался ли он деревни или его знаменитой фразы «дети за отцов не отвечают» – связывали с его именем. Сталин мог пойти по этому пути, но для него это значило потерять самого себя.

Необходимость в нем лично зиждилась только на чрезвычайных, исключительных ситуациях. Которая придавала загадочный и сакральный характер власти. У Гитлера в 1934-м был момент выбора, когда он должен был принести в жертву революционный нацизм. И для Сталина настал такой же момент.

Где-то весной 1938-го последним большим процессом Бухарина, Рыкова, Ягоды, Крестинского и других Сталин наконец решил внутреннюю задачу. Он сделал свой выбор, но теперь выбор, им сделанный, предстал как мировая сцена. Пустое пространство, *простор отсутствия* – чем заполнить? Каким собственным сталинским действием? Прежнее действие террора успешно, но должно быть продлено чем-то новым – и Сталина позвало за пределы Союза. Неистовой устремленностью к большой войне Гитлер открывал ему новое поле игры. Возможность совершить то, что самому Гитлеру удалось при ревизии Версальского договора с 1933 по 1939 год.

Используя, как он верил, Гитлера, Сталин добился территориальных приращений немногой кровью: Прибалтика, Западная Украина, Западная Белоруссия, Буковина, финские земли. А Гитлер, используя разгаданного им Сталина, начал свою войну. Мировую.

***

В моей жизни 1940 год – очень глубокий рубеж. Я был очень тогда ортодоксален, очень. Трещинки, которые появлялись, имели глубоко запрятанный, как будто побочный характер. Но договор с Гитлером 1939 года был для меня шоком.

Сегодня сосчитано, сколько комкоров было уничтожено и сколько командармов… И все же Красная армия и после всех обезглавливаний могла прекрасно сражаться. Но страшная опасность теперь была в *самом Сталине,* в изменениях, которые 1937–1939-е внесли в его личность. Вот где таилась погибель 1940 года. Перестав ощущать сопротивление, Сталин превратился в солипсиста, и Мир стал ему тем, чем он его втайне воображал.

Надо понять состояние сознания человека – в 1940 году он достиг высшей точки власти. Убит Троцкий, с которым он в тиши на языке ненависти заочно разговаривал каждый день.

Для Сталина убийство Троцкого было триумфальным миропереворачиванием – он остался единственным в Мире! Правда, человек, которого он больше всего тайно ненавидел, был не Троцкий, а Ленин. Но и тут Сталин считал себя в плюсе: почти не пролив крови, присоединил к России столько, сколько Ленину в 1920 году не удалось именем мировой революции. Если, конечно, верить, что Ленина когда-либо волновала геополитика.

Я впервые расшифровал для себя сталинский сороковой год, когда слушал рассказ профессора Ерусалимского о его встрече со Сталиным осенью 1940-го.

Ерусалимскому заказали предисловие к мемуарам Бисмарка, и по просьбе Молотова он написал текст, полный геополитических намеков. Когда книга была напечатана и уже в переплете, вдруг нашелся читатель, который решил все отредактировать сам, – Сталин. Напечатано: «Предисловие» – Сталин зачеркнул и написал: «Бисмарк как дипломат». Кое-где ему показалось, что нужно соединять абзацы, – он их соединил. Жданов на своем экземпляре слово «великий юнкер» обвел и написал: «Надо ли нам так его называть?» Сталин «великого юнкера» не тронул, а вот «провинциального юнкера» вычеркнул – нет, пускай юнкер остается великим. Надо сказать, редактура Сталина литературно всюду вполне оправданная. Но тенденция его вычерков и снятий курсива заключалась в том, что Сталин повычеркивал все те места, которые заказал Молотов. У меня была в руках одно время сама эта книга, с пометками Сталина. Первого ее читателя и редактора.

Вычеркнул Сталин главное – то, что Бисмарк завещал не нападать на Россию, чтобы не воевать на два фронта. Это было выделено курсивом, и все это Сталин жирно вычеркнул. Сталин вызвал Ерусалимского, и у них был разговор, на котором присутствовали Молотов, Жданов (кроме Ерусалимского) и Юдин, который тогда заведовал ОГИЗом.

Молотов и Жданов молчали (они в таких случаях привыкли молчать), а Ерусалимский робко, но спросил Сталина – разве не в этом главный смысл задания? На что Сталин ему сказал очень-очень тихим голосом: *зачем их пугаете? Пусть попробуют.* Ерусалимскому мешало слушать Сталина шумное горячее дыхание Жданова в затылок, а Сталин почти шептал.

В чем смысл истории? Будучи сценаристом и автором личной биографии, которую он всякий день мысленно пересочинял, Сталин не мог обойтись без эффекта внезапности для ближних сотрудников. На этом у него все держалось. Те не могли угадать его реакций и потому никогда не могли заранее приспособиться. Он вел их намеренно извилистым, тяжким для них путем, с полной потерей ими себя в итоге.

Под конец Сталин говорит: зачем вы свой текст кончаете Шипкой и каким-то «стойким русским солдатом» (русского солдата он вычеркнул)? Вот прекрасное место – где Бисмарк, великий юнкер, сумевший подняться выше своего класса и видя его исторические задачи, незадолго до смерти посетил крупнейший порт Германии Гамбург. Глядя на океанские корабли, уходящие в дальние рейсы, он промолвил: это другой мир, новый мир!

Вот же, говорит Сталин, ключ к Бисмарку. После чего заметил: «У вас там еще говорится про Орлова и Шувалова "русский друг Бисмарка" – не надо. Кто знает русских друзей Бисмарка? Кто знает о самом Бисмарке даже среди членов ЦК? – говорит Сталин уже погромче, и, обернувшись к Молотову, – а среди членов Советского правительства кто-то знает Бисмарка?»

Уже было ясно, что статью надо переделывать, хотя тираж отпечатан. Сигнальный экземпляр в переплете, на нем цена. Вдруг Сталин говорит Юдину: «А вы что молчите, товарищ Юдин?» Тот ему: «Я зав. ОГИЗом». – «Это я знаю, вы им лучше не заведуйте». Сталин ему, сердится: «Вы там что, мылом торгуете? Почему такая высокая цена на книгу? *Снизить!*»

Из выхода мемуаров Бисмарка сделали общесоюзное событие. Об этом есть донесение посла Шуленбурга. Все газеты дали рецензию, и ни одной газете (включая «Правду»!) не разрешалось печатать рецензии без личной визы Ерусалимского. Только он теперь знал, что хочет Сталин!

По многим признакам я ощущал 1940 год как роковой и что мы в СССР переступили рубеж, где нас что-то подстерегает. Я понимаю, как Сталин допустил, чтобы у наших вооруженных сил не было не только оборонительной концепции – что даже *плана обороны* не существовало.

Сталин никому не позволял ничем распорядиться и не делился тайными ходами мысли. Сам же попал в вилку-ловушку двух версий, которые никак не мог согласовать. Гитлер ему намеренно подбрасывал поводы для тревог – это о них Сталин сказал Ерусалимскому «пусть попробуют»; заодно то был добавочный инструктаж Молотову перед поездкой в Берлин. Молотов ведь очень жестко с Гитлером говорил, а потом Сталин уступил по всем пунктам. Думаю, после финской войны и падения Европы, чувствуя неготовность к войне, Сталин пытался скрыть слабость за жесткостью требований.

В тактических целях он создавал иллюзию могущества и мало-помалу сам поверил в нее. Но то была стратегическая ловушка. Либо разделить Мир с Гитлером, пойдя дальше пакта 1939-го, вплоть до выхода к Персидскому заливу (зачем вам какая-то Румыния – Молотову говорили в Берлине – берите Индию!). Либо, помедлив и словчив, изготовиться нанести Германии удар первым.

Скрывая все от Молотова и других, Сталин не догадывался, что Гитлер читает его тайные мысли!

***

Прекрасно помню, как Гроссман мне сказал: теперь комиссары пойдут на *слом*, но 1941 год без комиссара нами был бы проигран. В 1941-м речь шла о *сражающейся человеческой массе*, но еще не об армии, действующей по законам военной организации. Для массы очень важна роль цементирующего примера и личного бодрящего слова. Комиссар 1941 года был ключевой фигурой сопротивления. Не контролер при командире, а человек, имевший дело с людьми, которые тогда могли выбрать – воевать лучше, воевать хуже либо не воевать совсем. В условиях, когда все советское рушилось и погибало.

Гигантскую роль Эренбург сыграл в 1941 году. Сейчас трудно себе представить «Красную звезду» с его каждодневными статьями, а я помню, как мы в армии вслух читали эти статьи. Комиссары зачитывали их бойцам. Наибольшую роль Эренбург сыграл именно на переломе 1941 года – отклонением страха перед парализующим натиском немцев. Вызывая презрение к сильнейшему противнику, он делал это очень умело – не верь, что немец сильней тебя! Эренбург внес в войну недостающий элемент презрения к превосходящей силе врага. В 1941 году очень важно было поверить, что Германии вообще *можно* противостоять.

***

1945 год. Победа. Для меня время это было трудным. Вышел из войны искалеченный, семья в Крыму уничтожена. Настала подвешенность, я никак не мог самоопределиться – чем заниматься? После войны мы вообще с большим трудом приходили в себя. А тут переход к новой жизни. Кто больше к ней подготовлен, кто меньше, но нет уже той россыпи мест и вариантов устройства, что была до войны. Начались трудности. Несколько лет были ужасны по тяготам жизни, хотя, с другой стороны, начался взлет хорошей литературы. Она сразу о себе дала знать. Но так же быстро пошел распад. От каждой победы бывает производно некое зло. Но от этой, 1945-го, зло было неизмеримо большим.

Конечно, триумф представлялся грандиозным, особенно после успехов Гитлера, которых, строго говоря, могло не быть вовсе. Масштабом Победы все прежнее отодвинулось. И был очень быстрый вход в холодную войну. Обезоруживающе, ошарашивающе быстрый. Инициатором холодной войны выступил Запад, для защиты от сталинской экспансии. Поначалу сталинизму для сохранности холодная война была полезней, чем западной стороне. Но далее она вела к переменам, которые обрекли советскую систему на вырождение и агонию.

Помню «Литературную газету», которую лично придумал Сталин. Всякий раз для созревшего в нем сценария он заводил особый орган. В конце войны он завел журнальчик – «Война и рабочий класс», где печатались антисоюзнические выпады. А тут он решил возродить «Литературную газету», и Ермилов стал редактором. Орган общественности, да. Дизайн изменили, газета стала больше. И в первом же номере на второй странице, три колонки слева – Борис Горбатов, «Мальчик в коротких штанах» – о Трумэне. Заказанная статья; событие – был официальный протест от Госдепа. Вскоре появилась знаменитая «Культура и жизнь» – газета, которую делали прямо в здании ЦК, где была ее редакция. Редактором поставили Александрова, и газету называли «Александровский централ». Кошмарная, каждый номер открывали с дрожью – кто следующий? Вдруг в один прекрасный день газетенке дали по морде. По капризу Сталина, он и повод выбрал – оперу «Борис Годунов» в Большом театре. «Культура и жизнь» напечатала статью о постановке, изругав Большой театр за сцену под Кромами – та непатриотически изобразила слепоту народа, пошедшего за наймитом иностранцев. Как так? Народ никогда не ошибается!

А к этому времени Александров у Сталина впадает в немилость. Сталин вызвал Поспелова и велел дать в «Правде» отповедь: мол, Пушкин наше все, он мудр, а народ что? Народ, бывало, и заблуждался. После этого «Культуру и жизнь» перестали бояться, и та быстро кончилась. Такая неожиданная игра в сталинском вкусе.

Во время войны сильно продвинулись патриотические чувства, и возникли трудности со своим интернационалистским сознанием. И в это уже стала проникать и въедаться агрессия расправы. Мы к такому не были подготовлены. Мы вышли из войны с ощущением силы. Но ведь и не лучшие из нас силу почувствовали, победа – добыча общая.

Война разбудила национальные чувства и культивировала их по-разному. Непонятно для многих людей было – каким образом евреи дали себя уничтожить? Ожившая паранойя питалась из разных источников, и должен сказать, постепенно паранойя сработала. Сталин, конечно, после войны уже распадался, но свой маневр проделал в дикой форме, и весьма эффективно. Операция по расколу победителей прошла успешно. Сформировался новый победительный плебс – и все стало гнить прямо на глазах.

До войны, когда только начались эти вещи, мы их откровенно презирали. Помню, вышла книжка о Суворове, и в ней главка, где с восторгом описывалось, как тот штурмовал польскую столицу. Была лекция по книге, и мы написали в редакцию «Правды» коллективный протест, ничуть не смущаясь в словах. Так же плохо мы приняли фильм Эйзенштейна «Александр Невский», он нам не пришелся – и мы открыто писали об этом в стенных газетах на факультете. Мы были моложе и смелей поколения ушибленных 1937 годом.

Мы лишались близких людей, но не лишались внутренней свободы. Поскольку советское было *наше данное*, то мы и свободу переживали в рамках данного. А после войны я ощутил, как мне навязывают нечто, чего я не приму. Привычно всему искал объяснения, но где-то же есть предел. Все-таки на войне я вырос. Но стремления отойти в сторону не было, своим активизмом был уже закален.

Страх был. Но не страх угодить в лагерь за другими, а страх иного типа, что сам вообще уже не принадлежишь себе.

***

Память Сталина была абсолютной, пока обслуживала его сценарные тайны. Все отмечали, как Сталин запоминал врагов. Но лишь пока те были действующими лицами его внутреннего спектакля. Вот что мне рассказывал академик Василий Емельянов (дочка его у нас в институте работала). Он в Министерстве металлургии ведал вооружением после войны в Испании, когда выяснились дефекты советских танков. Проблема танка – соотношение неуязвимости с маневренностью: утяжеляешь броню, и уязвимость опять растет. А тут как раз один изобретатель придумал новую броню.

Правда, изобретатель был сумасшедший. Он якобы изобрел такую броню, что при контакте со снарядом та расступается и «втягивает» его в себя, лишая убойной силы. Все, кто ознакомился, говорят – псих, гоните. Но вот на совещание по танкам в Кремле пришли все: Тевосян, Емельянов – а псих тут как тут! Входит Сталин, спрашивает: «Как у нас дела с танковой броней?» Тевосян докладывает. Сталин говорит: «Плохи дела. А вот послушаем свежего человека» – и встает наш изобретатель. А язык у того хорошо подвешен, гипнотическая сила воздействия. Сталин заслушался, говорит: «Замечательно, товарищи – это же диалектика: мягкость брони гасит убойную силу!» Ну, когда диалектика, все молчат. Сталин спрашивает: «А как дела с внедрением?» Изобретатель отвечает: «Никак, товарищ Сталин». – «Почему?» – «Есть противники». Тут Сталин встает с места, подходит вплотную и спрашивает: «Кто именно?»

Емельянов рассказывал – «Я вмиг покрылся холодным потом. Довоенные были годы – в послевоенные был бы инфаркт на месте. Но инфаркты в моду еще не вошли, умирали мы тогда от других причин». Минута критическая, все в напряжении, и тут псих говорит: «*Не помню*, товарищ Сталин». – «Как это – *не помните?* У вас есть враги, а вы не помните, *кто они?*» Глянул ему в глаза – и погас, отвернулся. Перешел к другим вопросам, навсегда потеряв интерес к его броне и к «диалектике мягкого». Вот что значат людские свойства – человек просто не назвал имен. А ведь его будущее в тот момент зависело от перечисления пары фамилий.

После войны резервы посадок снизились как раз тем, что у Сталина память сдавала. Вот эпизод. Заканчивался XIX съезд, на котором делал отчетный доклад Маленков, а Сталин вышел ненадолго в конце, приветствуя иностранные компартии.

Состав ЦК согласован. Но в ночь перед последним заседанием Сталин говорит Маленкову: «Женщин мало. И ученых маловато в ЦК. Подумайте про Нечкину». Его Светлана в то время собиралась у Нечкиной диплом писать, потом, правда, перешла в другое место. Маленков звонит в отдел науки: срочно материалы на Нечкину, а ему: Георгий Максимилианович, Нечкина же беспартийная! Итак, включать в ЦК нельзя – но и не включить нельзя тоже. Пришлось доложить. «Товарищ Сталин, отдел науки говорит, что Нечкина беспартийная». – «Да? Но я вообще-то говорил про Панкратову». Сталин сделал вид, что оговорился.

Сталин не хотел показать Маленкову, что память его подвела и он забыл про беспартийность Нечкиной, – и так академик Панкратова вошла в ЦК, а не пошла под следствие. А что у нее еще и муж троцкист, Сталину просто доложить не успели, не хватило времени. Человек из отдела науки ЦК рассказал мне всю подноготную.

В советские академики попадали и за провинность. Майский в Моженке мне очень красочно рассказал, как стал академиком. Забыл подробности и начисто, как всегда, забываю цифры. Короче, расхождения в Ялте по репарациям были примерно один к двум, допустим, двести миллиардов к ста миллиардам. Майский как председатель Комиссии должен докладывать Большой тройке. Ввиду разногласий звонит по начальству Молотову, тот ему: «Вопрос в компетенции товарища Сталина, я узнаю». Ладно. Через некоторое время он звонит снова, и Молотов ему: «Я спрашивал». – «И что же?» – «Товарищ Сталин ничего не ответил». – «Так мне же докладывать Тройке! Спросите товарища Сталина еще раз». Молотов: «Не буду».

На другой день утром, говорит, съезжаемся. Положение невозможное – не знаю, какую цифру назвать, понравится она Сталину или нет? Тогда, говорит Майский, в последний момент наклоняюсь я над Сталиным, тихо спрашиваю: «Так как – двести или сто?» Сталин поднял голову, вы бы видели, какими глазами на меня поглядел! «*Двести*».

А через несколько дней на политбюро: «Не пора ли нам Майского сделать академиком?» И поперли того из МИДа в Академию наук. У нас в институте, когда началась борьба с космополитизмом со страстями на партсобраниях, Майского вызвали на ковер. Он каялся с трибуны: «Простите меня, – говорит, – я еще совсем молодой академик!» Но Майского все же посадили, и после него в Институте истории еще было несколько посадок.

***

Утверждаю, что *третьей мировой войны вообще уже не могло быть*. Не могло – в антропологическом смысле, заявленном Гитлером и Сталиным во Второй. Во Второй мировой все упиралось в то, что два человека оказались неспособны к регулярной политике вне ситуации радикального обмана. Отсюда странность Второй мировой, втянувшей в себя миллионы, опустошив страны, принеся в жертву народы.

Война в истории всегда *мотивирована*. В Мире холодной войны война утратила мотивировку, но повсюду влезла в жизнь, в человеческую обыденность. Растекаясь, война вместе с тем потеряла мотив. После исчезновения пары Гитлер – Сталин не стало мотива к войне, и не было шанса породить ей аналог. Война могла быть только мучительно изживаема. Но в это изживание вошло страшное зло – атомная бомба с идеологией и прагматикой, которые мистифицируют ситуацию. Изыми Бомбу из Мира 1945 года, и сцена предстанет в ее истинном виде: *невозможности мотивированного глобального военного действия* после конца Второй мировой войны.

Холодная война, взятая обособленно от специфики, внесенной ядерным оружием, – это лишь затянутый коллапс существа человека. Человек не мотивирован в тех именно его действиях, которые относятся к его исторической классике! Таким он уже не мог вернуться к этим действиям, сперва надо попытаться себя замотивировать заново. Он мотивирует себя в формах особости, уже не притязающей на устроение вселенной. Тут можно назвать Карибский кризис, и так далее, и тому подобное. Наступивший *коллапс мотивированности связан с истощением истории*.

Хотя история никогда не была «историей всего», но она долго главенствовала в мотивациях Homo sapiens. Создалась привычка к поиску вмещающей якобы все исторической мотивировки. Если же та ушла, то что такое теперь мировая война – и что такое история? Только воспоминание о том, что было и что не может повториться после произошедшего.

А почему нам не вспомнить, как возникала холодная война? Буквально мировой ей мешало стать то, что из двух командных центров можно было уничтожить друг друга и весь Мир. Но идея гарантированного взаимного уничтожения возникла не сразу. К ней пришли, но начали не с нее. Многое было проиграно на корейской войне. Сперва Северная Корея против Южной Кореи, затем США, а там Китай со всей людской мощью. Тут и мы подключаемся. На этой почве возникло НАТО – которое было пустой звук, но благодаря корейской войне станет военной силой. Есть целая история интернационализаций и глобализаций локальных конфликтов. Разве Вьетнам и Афганистан не были скрыто глобальны?

Корейская война – это биполярность, спроецированная внутрь Кореи: коммунистический Север, проамериканский Юг.

***

Победа во Второй мировой войне заложила основу крушения коммунизма. Присоединенные страны не могли быть унифицированы сталинской системой, но вместе с тем не были введены в ее состав на суверенных началах. Отвергнув альтернативу, система проделала ряд зверских операций приведения стран Восточной Европы к единству с Союзом – таким, каким он сложился в итоге прошлых унификаций. Это заложило взрывчатку в систему. Раздавленная альтернатива в итоге сдетонировала внутри системы-убийцы.

Зачем, собственно, к концу сороковых годов Сталину нужно срочно соорудить универсального врага? Потому что его замысел оставался универсальным. Человек, которому мы отдали свои существования, чтобы он распоряжался советскими душами, не мог охватить пространство от Одера до Янцзы. Но мог ли универсалист Сталин оставить в покое Евразию какова она есть – многоукладная, несводимая к единому основанию? Для него это немыслимо. А раз так, неизбежна та или иная форма насилия. Плюс личная патология – он душегуб.

Плюс возраст. Сталин догадывался, что ему остается считаное время, и сразу прибег к самым крайним формам выравнивания. При опыте унифицирования, проведенного им прежде над Советской Россией, ему теперь нужна была остро радикальная форма. А поскольку концепт универсального выравнивания требует универсального врага, сама история подсказала ему: *еврей*!

Сталин умер, недописав черновик указа. Осталась первая строчка, что «в целях предотвращения акций, вызванных справедливым гневом народа…». Маленков в марте 1953-го, найдя, все уничтожил.

Что происходило при подписании «письма евреев», я знаю. Ерусалимский там был, он подписал письмо, мне все рассказывал, включая замечательные детали.

Сталин, надо сказать, умел и любил редактировать тексты. Когда на последнем XIX съезде отчетный доклад впервые делал Маленков, Шепилов написал ему доклад в связи с «Экономическими проблемами социализма в СССР», Сталина брошюра. Соответствие производительных сил и производственных отношений, есть, мол, закон, открытый товарищем Сталиным. Сталин, которому доклад показывали перед съездом, на съезде ничего не сказал, но после съезда звонит Шепилову: «Товарищ Шепилов, в докладе, который вы написали для товарища Маленкова, вкралась ошибка – закон, открытый Карлом Марксом, вы приписали товарищу Сталину. Товарищ Шепилов, ошибки надо публично исправлять!» – «Но как же, товарищ Сталин...» – «Выпустите новый тираж доклада с исправлением».

Так же, когда евреев собрали подписывать письмо о том, что большинство еврейского населения националисты, академик Трахтенберг говорит: «Я все же экономист. Кто подсчитал, сколько евреев заражены духом мелкобуржуазного национализма? Почему "большинство", разве есть статистика?» Его поддержал генерал из евреев, может быть, Крейзер, и, кажется, Маргарита Алигер. Но организаторы все пропустили мимо ушей. А когда подписали, тут Сталин и говорит: «Почему здесь нет осуждения антисемитизма? Надо дополнить!» Невероятное он все-таки порождение. Есть сатанинское начало в людях.

***

Мне долго снилась война. Пока не перестала зимой 1953 года, когда по нарастающей взвилась «антикосмополитическая» кампания. Началось еврейское «дело врачей». Зима 1952–1953-го. Иду по Мещанской, а накануне мне кто-то сказал, что в отделении Боткинской стало не хватать врачей – все арестованы. Вдруг я остановился, и изнутри меня стукнуло: не бывает же такой заговор, чтоб сотни медиков сговорились ради убийства! Таких заговоров в истории не бывало вообще.

До этого я имел привычку все объяснять. Помню, женщина, очень хорошая, спросила у меня – как может быть, чтобы врачи намеренно убивали? Я понял, что дурацкие слова насчет логики классовой борьбы не годны, и говорю ей – понимаете, противостояние с Америкой сделало людей ненормальными, они безумеют... Но по лицу ее понял, как страшно ее огорчил.

Первая реакция моя всегда была – *спасти объяснимость*. Объяснить и вписать событие в картину, даже если я его не приемлю. Раз событие таково, картина целого не рушится. Например, я не принимал пакт с Германией, поскольку был ярым антифашистом. Но пакт вписывался для меня в картину Realpolitik Сталина. А тут вижу, что происходящее более не вписывается ни в какую картину! Но что вместо? Я так жить не смогу – и я рухнул в болезнь. Контузия 1942 года вырвалась в пятидесятые и накрыла меня с головой.

Это длилось долго. Сначала из снов ушла война. Шли мучительнейшие месяцы начала 1953 года. У сына была нянька, и я заметил, как та роется в моем ящике – Люба, неглупая девка, но ей приказали. А дворничиха стала спрашивать, куда я иду. Военные сны ушли, каждую ночь просыпаясь, явственно слышал звонок в дверь.

Моя картина мира стала рушиться. Но еще быстрей она рухнула в 1956-м – *отказом от дарованного освобождения.* Отложенная реакция на 1953 год. Вдруг бац – а этого я не принимаю! Хрущева поначалу я прямо возненавидел.

Однажды я даже очень открыто выступил. Уже в прологе болезни, почему и свалился. Шла читательская конференция журнала «Вопросы истории», и посыпались пошлости: да здравствует Шамиль, нужен пересмотр истории революции – и далее по всем тогдашним либеральным пунктам. Я выступил, говорю – товарищи, а ведь за вами ничего не стоит. Ни-че-го. Вы хотите пересмотреть несколько пустопорожних редакционных статей? Извольте, какой пустяк. Вы хотите пересмотреть целиком историю революции? Давно пора. Тут я сказал, а это была моя любимая мысль, что революция 1905 года – не пролог Октября, она имела внутреннюю силу, и неизвестно еще, что масштабней – 1905 год или 1917-й.

В этом демарше я понравился всем лагерям, аплодировали мне дико. Только самому себе не понравился. Аудитория до этого аплодировала односторонне, «обличителям», а мое выступление вызвало аплодисменты обеих сторон. Но воспринималось оно, вероятно, странно.

Затем ко мне при всех подошли несколько человек из ЦК, среди них Толя Черняев – давайте письменный текст своего выступления. Но, придя домой и сев писать, я вдруг испытал странную реакцию. И написал им записку с идеей, что нужно создать Историческое общество, куда входили бы ученые, учителя и люди, любящие историю. История не принадлежит никому в отдельности, писал я, но история не принадлежит и новым критикам.

Но вот что интересно. С одной стороны, я долго независимо балансировал, дольше многих. Поддерживал ситуацию объяснимости происходящего, не приемля ее тех и иных сторон. Тут пришел XX съезд, все счастливы выгодной полуправде. А я рухнул в болезнь, и, когда выполз из нее на карачках, несколько лет на это потратив, я был уже другой человек. Я болезнью заплатил за то, что освободил свой ум собственными силами. И больше не хотел полулжи.

III. РИФМОВАННЫЙ СТАЛИН

ТУРНИР ПОЭТОВ

Наш заочный турнир поэтов собрал самые громкие, пожалуй, имена советского времени. Кого-то, наверное, пропустили, кого-то, возможно, недооценили (составители сборника тоже имеют право на собственное мнение), а кто-то, как, скажем, Владимир Маяковский, не посвятил Сталину ни одной строки, что не помешало вождю назвать его лучшим, талантливейшим поэтом советской эпохи.

Нужна еще одна оговорка. Составители не намерены вводить читателей в заблуждение относительно характера стихотворных произведений советских поэтов. Мы не хотим создавать ложное впечатление, будто поэтическая сталиниана пронизана критикой и осуждением вождя. Здесь подобраны стихи, выражающие в основном отношение к преступлениям сталинского режима, о чем можно было писать уже после XX съезда КПСС и хрущевских разоблачений. Но многие из представленных авторов, надо признать, отметились и одами в честь великого вождя всех народов. Анна Ахматова и Борис Мандельштам, Борис Слуцкий… У каждого из них был период «очарования» Сталиным, искреннего или наигранного ради сохранения свободы и возможности продолжать быть поэтом.

XX съезд снял табу с антисталинской темы в советской культуре, и поэзия не то что не осталась в стороне от этого процесса, но во многом и возглавила его. А аншлаговые поэтические вечера в Политехническом с участием Беллы Ахмадулиной, Булата Окуджавы, Евгения Евтушенко, Андрея Вознесенского, Роберта Рождественского и других звезд времен «оттепели» вошли отдельной страницей в историю Советской России XX века.

Александр Галич таким образом подвел итог партийного съезда, разоблачившего Сталина:

«Был, – сказал он, – главный съезд
Славной нашей партии.
Про Китай и про Лаос
Говорились прения,
Но особо встал вопрос
Про Отца и Гения».
Кум докушал огурец
И закончил с мукою:
«Оказался наш Отец
Не отцом, а сукою...».

«ВОСВОЯСИ УХОДИТ БРОНЗОВЫЙ...»

Юз Алешковский

Песня о Сталине

Товарищ Сталин, Вы большой ученый,
В языкознанье знаете Вы толк,
А я простой советский заключенный,
И мне товарищ – серый брянский волк.

За что сижу, воистину не знаю,
Но прокуроры, видимо, правы.
Сижу я нынче в Туруханском крае,
Где при царе сидели в ссылке Вы.

В чужих грехах мы с ходу сознавались,
Этапом шли навстречу злой судьбе.
Но верили Вам так, товарищ Сталин,
Как, может быть, не верили себе.

И вот сижу я в Туруханском крае,
Где конвоиры, словно псы, грубы,
Я это все, конечно, понимаю
Как обостренье классовой борьбы.

То дождь, то снег, то мошкара над нами,
А мы в тайге с утра и до утра,
Вы здесь из искры разводили пламя,
Спасибо Вам, я греюсь у костра.

Вам тяжелей, Вы обо всех на свете
Заботитесь в ночной тоскливый час,

Шагаете в кремлевском кабинете,
Дымите трубкой, не смыкая глаз.

И мы нелегкий крест несем задаром
Морозом дымным и в тоске дождей,
Мы, как деревья, валимся на нары,
Не ведая бессонницы вождей.

Вы снитесь нам, когда в партийной кепке
И в кителе идете на парад,
Мы рубим лес по-сталински, а щепки,
А щепки во все стороны летят.

Вчера мы хоронили двух марксистов,
Мы их не укрывали кумачом,
Один из них был правым уклонистом,
Другой, как оказалось, ни при чем.

Он перед тем, как навсегда скончаться,
Вам завещал последние слова,
Велел в евонном деле разобраться
И тихо вскрикнул: «Сталин – голова!»

Живите ж тыщу лет, товарищ Сталин,
И пусть в тайге придется сдохнуть мне,
Я верю: будет много чугуна и стали
На душу населения в стране.

1959

Анна Ахматова

(Из поэмы REQVIEM)

Опять поминальный приблизился час.
Я вижу, я слышу, я чувствую вас:
И ту, что едва до окна довели,
И ту, что родимой не топчет земли,
И ту, что красивой тряхнув головой,
Сказала: «Сюда прихожу, как домой».
Хотелось бы всех поименно назвать,
Да отняли список, и негде узнать.
Для них соткала я широкий покров
Из бедных, у них же подслушанных слов.
О них вспоминаю всегда и везде,
О них не забуду и в новой беде,
И если зажмут мой измученный рот,
Которым кричит стомильонный народ,
Пусть так же оне поминают меня
В канун моего погребального дня.
А если когда-нибудь в этой стране
Воздвигнуть задумают памятник мне,
Согласье на это даю торжество,
Но только с условьем – не ставить его
Ни около моря, где я родилась
(Последняя с морем разорвана связь),
Ни в царском саду у заветного пня,
Где тень безутешная ищет меня,
А здесь, где стояла я триста часов
И где для меня не открыли засов.
Затем, что и в смерти блаженной боюсь
Забыть громыхание черных марусь,
Забыть, как постылая хлопала дверь
И выла старуха, как раненый зверь.

И пусть с неподвижных и бронзовых век
Как слезы струится подтаявший снег,
И голубь тюремный пусть гулит вдали,
И тихо идут по Неве корабли.

Март, 1940. Фонтанный дом

Александр Галич

Ночной дозор

Когда в городе гаснут праздники,
Когда грешники спят и праведники,
Государственные запасники
Покидают тихонько памятники.
Сотни тысяч – и все похожие –
Вдоль по лунной идут дорожке,
И случайные прохожие
Кувыркаются в неотложки!

И бьют барабаны!..

На часах замирает маятник,
Стрелки рвутся бежать обратно:
Одинокий шагает памятник,
Повторенный тысячекратно.
То он в бронзе, а то он в мраморе,
То он с трубкой, а то без трубки,
И за ним, как барашки на море,
Чешут гипсовые обрубки!

И бьют барабаны!..

Я открою окно, я высунусь,
Дрожь пронзит, будто сто по Цельсию!
Вижу: бронзовый генералиссимус
Шутовскую ведет процессию.
Он выходит на место лобное –
Гений всех времен и народов!–
И, как в старое время доброе,
Принимает парад уродов!

И бьют барабаны!..

Прет стеной мимо дома нашего
Хлам, забытый в углу уборщицей,
Вот сапог громыхает маршево,
Вот обломанный ус топорщится!
Им пока – скрипеть, да поругиваться,
Да следы оставлять линючие,
Но уверена даже пуговица,
Что сгодится еще при случае.

И будут бить барабаны!

Утро родины нашей – розово,
Позывные летят, попискивая,
Восвояси уходит бронзовый,
Но лежат, притаившись гипсовые.
Пусть до времени покалечены,
Но и в прахе хранят обличие,
Им бы гипсовым человечины –
Они вновь обретут величие!

И будут бить барабаны!..

1963?

Николай Глазков

Я, проходимец или оборванец,
До пошлости житейской не дорос,
Меня всю жизнь хотели оболванить.
Но, к сожаленью, им не удалось.

1948

Евгений Евтушенко

Наследники Сталина

Безмолвствовал мрамор.
Безмолвно мерцало стекло.
Безмолвно стоял караул,
на ветру бронзовея.
А гроб чуть дымился.
Дыханье сквозь щели текло,
Когда выносили его
из дверей Мавзолея.

Хотел он запомнить всех тех,
кто его выносил –
Рязанских и курских молоденьких новобранцев,
чтоб как-нибудь после
набраться для вылазки сил,
И встать из земли,
и до них, неразумных, добраться.

Он что-то задумал.
Он лишь отдохнуть прикорнул.

И я обращаюсь
к правительству нашему с просьбою:
Удвоить,
утроить у этой плиты караул,
Чтоб Сталин не встал,
и со Сталиным – прошлое.

Мы сеяли честно.
Мы честно варили металл,
И честно шагали мы,
строясь в солдатские цепи.
А он нас – боялся.
Он, веря в великую цель, не считал,
что средства должны быть достойны величия цели.

Он был дальновиден.
В законах борьбы умудрен,
наследников многих
на шаре земном он оставил.
Мне чудится,
будто поставлен в гробу телефон.
Кому-то опять сообщает свои указания Сталин.
Куда еще тянется провод из гроба того?
Нет, Сталин не сдался.
Считает он смерть поправимостью.
Мы вынесли
из Мавзолея
его.
Но как из наследников Сталина
Сталина вынести?

Иные наследники розы в отставке стригут,
А втайне считают,
что временна эта отставка.

Иные
и Сталина даже ругают с трибун,
а сами
ночами
тоскуют о времени старом.

Наследников Сталина, видно, сегодня не зря
хватают инфаркты.
Им, бывшим когда-то опорами,
Не нравится время,
в котором пусты лагеря,
а залы,
где слушают люди стихи,
переполнены.

Велела не быть успокоенным Родина мне.

Пусть мне говорят: «Успокойся...»–
спокойным я быть не сумею.
Покуда наследники Сталина есть на земле,
мне будет казаться,
что Сталин еще в Мавзолее.

1962

Наум Коржавин

На смерть Сталина

Все, с чем Россия
в старый мир врывалась,
Так что казалось, что ему пропасть,–

Все было смято... И одно осталось:
Его
неограниченная
власть.
Ведь он считал,
что к правде путь –
тяжелый,
А власть его
сквозь ложь
к ней приведет.
И вот он – мертв.
До правды не дошел он,
А ложь кругом трясиной нас сосет.
Его хоронят громко и поспешно
Ораторы,
на гроб кося глаза,
Как будто может он
из тьмы кромешной
Вернуться,
все забрать
и наказать.
Холодный траур,
стиль речей –
высокий.
Он всех давил
и не имел друзей...
Я сам не знаю,
злым иль добрым роком
Так много лет
он был для наших дней.
И лишь народ
к нему не посторонний,
Что вместе с ним
все время трудно жил,

Народ
в нем революцию
хоронит,
Хоть, может, он того не заслужил.
В его поступках
лжи так много было,
А свет знамен
их так скрывал в дыму,
Что сопоставить это все
не в силах –
Мы просто
слепо верили ему.
Моя страна!
Неужто бестолково
Ушла, пропала вся твоя борьба?
В тяжелом, мутном взгляде Маленкова
Неужто нынче
вся твоя судьба?
А может, ты поймешь
сквозь муки ада,
Сквозь все свои кровавые пути,
Что слепо верить
никому не надо
И к правде ложь
не может привести.

Март 1953

Семен Липкин

Мертвым

В этой замкнутой, душной чугунности,
Где тоска с воровским улюлю,
Как же вас я в себе расщеплю,
Молодые друзья моей юности?

К Яру Бабьему этого вывели,
Тот задушен таежною мглой.
Понимаю, вы стали золой,
Но скажите: вы живы ли, живы ли?

Вы ответьте,– прошу я немногого:
Там, в юдоли своей неземной,
Вы звереете вместе со мной,
Низвергаясь в звериное логово?

Или гибелью вас осчастливили
И, оставив меня одного,
Не хотите вы знать ничего?
Как мне трудно! Вы живы ли, живы ли?

1960

Осип Мандельштам

Мы живем, под собою не чуя страны,
Наши речи за десять шагов не слышны,

А где хватит на полразговорца,
Там припомнят кремлевского горца.

Его толстые пальцы, как черви, жирны,
А слова, как пудовые гири, верны,

Тараканьи смеются усища,
И сияют его голенища.

А вокруг него сброд тонкошеих вождей,
Он играет услугами полулюдей.

Кто свистит, кто мяучит, кто хнычет,
Он один лишь бабачит и тычет,

Как подкову, кует за указом указ –
Кому в пах, кому в лоб, кому в бровь, кому в глаз.

Что ни казнь у него – то малина
И широкая грудь осетина.

Ноябрь 1933

Владимир Набоков

О правителях

Вы будете (как иногда
говорится)
смеяться, вы будете (как ясновидцы
говорят) хохотать, господа –
но, честное слово,
у меня есть приятель,
которого
привела бы в волнение мысль поздороваться
с главою правительства или другого какого
предприятия.
С каких это пор, желал бы я знать,
под ложечкой
мы стали испытывать вроде
нежного бульканья, глядя в бинокль
на плотного с ежиком в ложе?
С каких это пор
понятие власти стало равно
ключевому понятию родины?
Какие-то римляне и мясники,
Карл Красивый и Карл Безобразный,
совершенно гнилые князьки,
толстогрудые немки и разные
людоеды, любовники, ломовики,
Иоанны, Людовики, Ленины,
все это сидело, кряхтя на эх и на ых,
упираясь локтями в колени,
на престолах своих матерых.
Умирает со скуки историк:
за Мамаем все тот же Мамай.
В самом деле, нельзя же нам с горя

поступить, как чиновный Китай,
кучу лишних веков присчитавший
к истории скромной своей,
от этого, впрочем, не ставшей
ни лучше, ни веселей.

1927

Булат Окуджава

Лену Карпинскому

Шестидесятники развенчивать усатого должны,
и им для этого особые приказы не нужны:
они и сами словно кони боевые
и бьют копытами, пока еще живые.

Ну а кому еще рассчитывать в той драке на успех?
Не зря кровавые отметины видны на них на всех.
Они хлебнули этих бед не понаслышке.
Им все маячило – от высылки до вышки.

Судьба велит шестидесятникам исполнить этот долг,
и в этом их предназначение, особый смысл и толк.
Ну а приказчики, влюбленные в деспота,
пусть огрызаются – такая их работа.

Шестидесятникам не кажется, что жизнь сгорела зря:
они поставили на родину, короче говоря.
Она, конечно, в суете о них забудет,
но ведь одна она. Другой уже не будет.

Юрию Корякину

Ну что, генералиссимус прекрасный,
потомки, говоришь, к тебе пристрастны?
Их не угомонить, не упросить...
Одни тебя мордуют и поносят,
другие все малюют, и возносят,
и молятся, и жаждут воскресить.

Ну что, генералиссимус прекрасный?
Лежишь в земле на площади на Красной...
Уж не от крови ль красная она,
которую ты пригоршнями пролил,
пока свои усы блаженно холил,
Москву обозревая из окна?

Ну что, генералиссимус прекрасный?
Твои клешни сегодня безопасны –
опасен силуэт твой с низким лбом.
Я счета не веду былым потерям,
но, пусть в своем возмездьи и умерен,
я не прощаю, помня о былом.

1981

Григорий Поженян

Поэт и царь

И Сталин в землю лег.
И Пастернак.
Поэт и царь.
Тиран и Божий дух.
Немой удел
теперь их общий враг.
Земной предел
теперь их общий друг.
Они ушли, не чувствуя вины.
Они теперь равны.
И не равны.
Один избрал – неверный саркофаг,
другой избрал – зеленых три сосны.

31 мая 1960

Борис Слуцкий

Начинается расчет со Сталиным,
и – всерьез. Без криков и обид.
Прах его, у стен Кремля оставленный,
страх пускай колеблет и знобит.
Начинается спокойный
долгий и серьезный разговор.
Пусть ответит наконец покойник,
сумрачно молчавший до сих пор.
Нет, не зря он руган был и топтан.
Нет, не зря переменил жилье.
Монолог обидчивый закончен.
Хор народа говорит свое.

Александр Тиняков

Чичерин растерян и Сталин печален,
Осталась от партии кучка развалин.
Стеклова убрали, Зиновьев похерен,
И Троцкий, мерзавец, молчит, лицемерен.
И Крупская смотрит, нахохлившись, чортом,
И заняты все комсомолки абортом.
И Ленин недвижно лежит в мавзолее,
И чувствует Рыков веревку на шее.

1926

ОГЛАВЛЕНИЕ